Revue de littérature comparée

2-2020

374

avril - juin 2020
Quatre-vingt-quatorzième année

Klincksieck • 95, boulevard Raspail • 75006 Paris

Sommaire

Repenser l'histoire littéraire à partir de Raymond Schwab

Introduction

Raymond Schwab (1884-1956) est né en 1884 à Nancy, ville à laquelle il a consacré un très beau texte à caractère autobiographique[1]. Il appartenait à une famille juive, avant de se convertir au catholicisme vers 1920. Il fit des études de lettres à Paris, où il fréquenta, au début des années 1900, les cercles littéraires de l'ENS de la rue d'Ulm[2]. Il mène une première carrière de fonctionnaire au Sénat, où il devient rédacteur puis directeur des comptes rendus analytiques. Mais, parallèlement, il déploie une intense activité intellectuelle. Il est l'ami de Gertrude Stein et de Paul Desjardins. Il anime une séance consacrée à Hugo aux décades de Pontigny. Surtout, il écrit des romans, des poèmes, des biographies, des études d'histoire de l'art et de la musique, et il collabore à une traduction des *Psaumes*, qui paraît en 1950, six ans avant sa mort.

L'œuvre de fiction de Schwab, imprégnée de spiritualité, est aujourd'hui largement tombée dans l'oubli. Elle eut néanmoins son heure de célébrité, ou tout au moins ses lecteurs attentifs, comme Marie-Jeanne Durry[3], qui consacra à cet auteur, dès 1932, un petit ouvrage intitulé simplement *Raymond Schwab*, puis une nécrologie dans le *Mercure de France*[4]. Notons d'emblée que la partie créative et la partie critique de l'œuvre de Schwab ne sont peut-être pas aussi étanches qu'il y paraît. Ainsi l'intérêt de l'auteur pour les phénomènes spirituels et mystiques, qu'on trouve par exemple dans son roman *Mengeatte* (1914) évoquant une jeune paysanne dans la Lorraine du XVIIe siècle, se retrouve en 1950 dans *La Renaissance orientale*, qui met fortement l'accent sur

1. Raymond Schwab, *Nancy*, Paris, Éditions Émile-Paul Frères, « Portraits de la France », 1926.
2. Roland Lardinois, notice « Schwab », dans François Pouillon (dir.), *Dictionnaire des orientalistes de langue française*, Paris, Karthala, 2008, p. 878. Voir par ailleurs Sophie Basch, « Un autre orientalisme. Situation de Raymond Schwab (1881-1956), entre Élémir Bourges et Edward Said », dans Michel Espagne et Perrine Simon-Nahum (dir.), *Passeurs d'Orient. Les Juifs dans l'orientalisme*, Paris, Éditions de l'éclat, 2013, p. 85-106.
3. Première femme élue professeur de littérature française à la Sorbonne, en 1947, elle fit partie du jury de la soutenance de thèse de Raymond Schwab, l'année suivante — thèse de lettres qui donna lieu à la publication de *La Renaissance orientale* en 1950 (voir *infra*).
4. Marie-Jeanne Durry, « Nécrologie de Raymond Schwab », *Mercure de France*, n° 1115, juillet 1956, p. 560-561.

la réception française de la spiritualité indienne, au détriment d'un exotisme « matérialiste », souvent associé au monde dit arabo-musulman, et qu'on retrouve à travers des thèmes érotiques dans la littérature et la peinture orientalistes, des Lumières à l'époque romantique. Par ailleurs, la passion de Schwab pour l'Orient fut antérieure à la Seconde Guerre mondiale : en 1934, il publie une *Vie d'Anquetil-Duperron*, le célèbre indianiste français qui, dès la fin du XVIIIe siècle, traduisit des manuscrits écrits en langue avestique et qu'il avait ramenés d'Inde. Cette passion pour les grandes figures d'érudits orientalistes l'accompagna jusque dans ses dernières années, où il ne put tout à fait terminer une *Vie d'Antoine Galland*, parue de manière posthume, en 1964.

Mais l'*opus magnum* de Schwab est bien *La Renaissance orientale*, ouvrage issu d'une thèse de lettres soutenue en Sorbonne en 1948, et publié deux ans plus tard chez Payot, où il a été réédité en 2014[5]. Ce livre épais, qui témoigne d'une immense érudition, mais qui est en même temps écrit de manière volontairement non académique, sans notes, est préfacé par le grand indianiste Louis Renou. Le titre est repris de manière explicite à Edgar Quinet, qui avait fait de « la renaissance orientale » le titre d'un des chapitres de son *Génie des religions* (1842), chapitre lui-même repris d'un article qu'il avait publié en 1841 dans la *Revue des Deux Mondes*. On est frappé par le ton extraordinairement enthousiaste de son auteur, convaincu, au-delà de l'apport d'orientalistes comme Anquetil-Duperron et William Jones à la connaissance des langues anciennes de l'Inde, qu'une ère nouvelle s'annonçait, fondée sur un enrichissement mutuel des civilisations : « Quel ordre nouveau sortira de la fusion, des épousailles de ces deux mondes [l'Europe et l'Asie], de ces traditions qui se ravivent, de ces langues mortes qui se délient dans leur sépulcre embaumé[6] ? » Ce que les saint-simoniens écrivaient déjà, une dizaine d'années plus tôt, dans un style tout aussi exalté (on pense notamment au *Système de la Méditerranée* de Michel Chevalier[7]), à propos de l'union de l'Orient musulman et de l'Occident industrialisé, Quinet le dit à son tour, mais pour l'appliquer d'abord aux religions de l'Antiquité. Raymond Schwab, un siècle plus tard, reprend la même idée, mais en la focalisant sur l'Inde ancienne, pour montrer tout ce que le romantisme français, et plus largement européen, doit à la redécouverte de l'hindouisme et du bouddhisme comme patrimoine universel. Car c'est bien la civilisation

5. Ce livre a fait l'objet d'une traduction anglaise suscitée par Edward Said, qui l'a préfacée en rendant hommage à son auteur (Raymond Schwab, *The Oriental Renaissance. Europe's Rediscovery of India and the East, 1680-1880*, trad. Gene Patterson-King and Victor Reinking, New York, Columbia University Press, 1984). Sur cette préface, voir Sarga Moussa, « Edward W. Said lecteur de Raymond Schwab », *in* « Edward Said, une conscience inquiète du monde », dossier coordonné par Guillaume Bridet et Xavier Garnier, *Sociétés et Représentations*, n° 37, 2014/1, p. 69-78, et, ici même, la contribution de Claire Gallien.
6. Edgar Quinet, « Le génie des religions », *Revue des Deux Mondes*, t. 28, 1841, p. 117-118.
7. Texte publié dans *Le Globe* du 12 février 1832 et réédité par Pierre Musso dans *Le saint-simonisme, l'Europe et la Méditerranée*, Houilles, éditions Manucius, 2008. Michel Chevalier écrivait en première page de cet article, dans la veine prophétique des saint-simoniens, la formule suivante, restée célèbre par son lyrisme politique : « La Méditerranée va devenir le lit nuptial de l'Orient et de l'Occident » (*ibid.*, p. 117).

de l'Inde ancienne, ou plus exactement la fascination exercée par celle-ci sur la littérature, mais aussi sur la linguistique, l'histoire, la philosophie et même l'anthropologie naissante en Europe, entre la fin du XVIIIe siècle et 1860 environ, qui est au centre de l'ouvrage de Schwab. Alors que la « première » Renaissance, celle du XVIe siècle, redécouvrait le monde gréco-romain, la « seconde », au XIXe siècle, ouvre l'Europe à l'Orient, qu'elle conçoit tout à la fois comme son autre et comme son origine. C'est donc une *profondeur* orientale qui intéresse Schwab, mais aussi la façon dont celle-ci a pu faire l'objet d'une *intériorisation* européenne. D'où la présence, dans *La Renaissance orientale*, de grands médiateurs savants comme Silvestre de Sacy, Mohl, Ampère, Ozanam ou Fauriel, mais aussi de poètes et prosateurs comme Lamartine, Vigny, Hugo, Michelet, Leconte de Lisle, Baudelaire, Nerval, Gautier, Flaubert.

Schwab, par son objet, est profondément ancré dans le XIXe siècle européen, c'est-à-dire dans une littérature française qu'il conçoit d'emblée de manière comparatiste[8], tout à la fois « européenne » (en particulier par ses liens avec les littératures allemande et anglaise) et tournée vers l'« Orient ». Mais l'Orient schwabien est sélectif : écartant la Méditerranée et la Palestine, sans doute trop proches, pour lui, géographiquement comme religieusement (par la parenté des grands monothéismes), l'auteur de *La Renaissance orientale* se focalise sur l'apport d'une spiritualité essentiellement hindouiste et bouddhiste, issue de l'Inde ancienne et véhiculée par des savants, des traducteurs, des écrivains dont certains furent aussi des voyageurs. L'érudition de Schwab, dont on peut mesurer l'importance en consultant les bibliographies associées à chaque chapitre, n'est jamais gratuite. Même si le corpus qu'il brasse est considérable, il parvient à reconstituer des réseaux, des jeux d'influences, des logiques intellectuelles et institutionnelles.

Schwab est au fond un enthousiaste raisonné, qui souhaite révéler à ses lecteurs un « épisode décisif de l'aventure humaine[9] ». Sa vision épique de l'Histoire, un peu à l'image des Romantiques, a sans doute quelque chose d'idéalisant, d'autant que nous avons appris à nous méfier des illusions téléologiques. En même temps, comment ne pas voir la « modernité » de cet homme qui, au milieu du XXe siècle, avait déjà une vision si ce n'est mondiale, du moins radicalement non nationale, de la littérature ? Prendre conscience de ce que les littératures française et européennes doivent à l'Inde, c'est, pour Schwab, s'acheminer vers un « humanisme intégral[10] » qu'il appelle de ses

8. Il est d'ailleurs significatif que dans une longue note liminaire figurant en tête de sa Bibliographie, Raymond Schwab remercie, parmi les premiers, Jean-Marie Carré et Fernand Baldensperger, deux grands noms de la littérature comparée en France dans la première moitié du XXe siècle (R. Schwab, *La Renaissance orientale* [1950], Paris, Payot, 2014, p. 651).
9. Raymond Schwab, *La Renaissance orientale*, *op. cit.*, p. 14.
10. La formule apparaît dès les premières pages, lorsqu'il est question des « Définitions » (*ibid.*, p. 20), mais elle donne aussi son titre à tout le « Livre deux » de *La Renaissance orientale*.

vœux, formule qui pourrait faire écho à un ouvrage du philosophe chrétien Jacques Maritain publié sous ce titre en 1936[11], mais qui pourrait aussi bien être une réponse critique au « nationalisme intégral » professé depuis le début du XXe siècle par Charles Maurras dans l'*Action française*, les deux intertextes ne s'excluant d'ailleurs nullement. Surtout, il faut entendre, dans cette idée d'un humanisme *intégral* qui inclurait les langues et littératures orientales, une manière de prendre distance des humanités *classiques* dans le sens le plus traditionnel du terme, à savoir une formation encore prévalente en France au début du XXe siècle, et qui valorisait une littérature *nationale*, héritière d'une culture gréco-latine qu'avait redécouverte la « première » Renaissance, avant que ne se produise, justement, une « seconde » Renaissance, qui permet un grand mouvement d'ouverture.

« Repenser l'histoire littéraire à partir de Raymond Schwab », comme nous proposons de le faire, consiste donc à s'interroger sur la façon dont l'histoire littéraire est construite, sur les catégories employées pour la définir, sur les hiérarchies et les exclusions, explicites ou implicites, qu'elle continue parfois de générer, même s'il est vrai qu'il existe désormais de nombreux travaux qui remettent en cause, par exemple, la légitimité d'un *canon* littéraire « français », pour lui substituer l'idée de « littératures en français[12] », sans parler de l'idée de « littérature-monde » chère à Edouard Glissant, ou encore de tous les travaux s'inscrivant dans le sillage de la notion goethéenne de *Weltliteratur*. Schwab avait d'ailleurs participé, à la fin de sa vie, à une entreprise tout à fait novatrice, celle de l'*Histoire des littératures* dirigée par Raymond Queneau, lequel disait regretter de n'avoir pu adopter autant qu'il l'aurait souhaité une « perspective cosmopolite[13] » pour cet ouvrage collectif, marquant ainsi les résistances intellectuelles et peut-être éditoriales qui étaient encore celles de son époque.

Sa collaboration à l'*Histoire des littératures* (1955) consiste en la rédaction de la partie intitulée « Domaine oriental[14] ». Dans cette partie, Schwab rappelle cinq ans après la publication de *La Renaissance orientale* :

> C'est par le porche oriental que toute la basilique des littératures a été commencée, et par lui qu'aujourd'hui s'éclairent de plus en plus les soubassements obscurs. Il est celui où changent le moins les formes et les

11. Jacques Maritain, *Humanisme intégral. Problèmes temporels et spirituels d'une nouvelle chrétienté*, Paris, Montaigne, 1936. Maritain visait un christianisme renouvelé, attentif à des problèmes séculiers, tourné vers des questions éthiques. Schwab a dû y être sensible, mais son propre projet le dépasse pour faire entrer en résonance *des* spiritualités, orientales et occidentales, et, plus largement encore, des phénomènes d'interculturalité.
12. Voir l'introduction de Susan Suleiman et Christie McDonald à *French Global. Une nouvelle perspective sur l'histoire litttéraire*, trad. fr., Paris, Classiques Garnier, 2015, p. 25.
13. Raymond Queneau (dir.), *Histoire des littératures. Encyclopédie de la Pléiade*, 3 vol., Paris, Gallimard, 1955-1958, ici t. III, p. VII.
14. Raymond Schwab, « Domaine oriental », *Histoire des littératures. I. Littératures anciennes, orientales et orales*, sous la dir. de Raymond Queneau, Paris, Gallimard, 1955, p. 103-219.

> foules ; avec l'air d'être surtout le plus ouvragé, il reste de beaucoup le plus vaste : chaque spécialiste d'une section orientale viendra dire à son tour qu'elle est plus riche de textes que toutes celles de l'Europe mises bout à bout[15].

On trouve ici toute une série d'images devenues des lieux communs du discours orientaliste : l'Orient comme seuil (« porche ») invitant au franchissement et dépassement par l'Europe ; l'Orient obscur attendant les Lumières européennes pour être redécouvert à lui-même et compris par lui-même ; l'Orient figé dans un éternel présent, très peu enclin au développement et au progrès ; l'Orient gigantesque et sublime, suscitant effroi et émerveillement.

Schwab utilise également ces tropes orientalistes en divers endroits de l'essai, lorsqu'il considère par exemple que « l'Orient [...] a tout dit pour la première fois », qu'il « est du côté des bases » et constitue un « labyrinthe monolithe[16] ». L'Asie est « partout elle-même [...] dans chacun de ses territoires particuliers, la culture demeure homogène selon le degré où le passé le plus lointain demeure actuel[17] ». Elle est du côté des « entassements organiques[18] » mis en ordre par « la méthode historique où survit l'esprit de clocher » des orientalistes européens. Ces remarques distinguent deux modes d'être au monde et figent des identités asiatiques pourtant construites et sans cesse recomposées. Il est difficile de lire cet éloge des littératures orientales sans penser en même temps à tout le travail de déconstruction du discours orientaliste engagé par des auteurs comme Frantz Fanon dans *Pour la révolution africaine*[19] ou Edward W. Said dans *Orientalism*[20]. Poursuivant dans cette lignée discursive orientaliste, Schwab en conclut que l'Europe introduit la méthode historique en Asie : « il est seulement vrai aussi que,

15. *Ibid.*, p. 103.
16. *Ibid.*, p. 105.
17. *Ibid.*, p. 109.
18. *Ibid.*, p. 118.
19. Au sujet de la momification des cultures « indigènes » par le régime de domination coloniale, Fanon écrit : « Cette culture, autrefois vivante et ouverte sur l'avenir, se ferme, figée dans le statut colonial, prise dans le carcan de l'oppression. À la fois présente et momifiée elle atteste contre ses membres. Elle les définit en effet sans appel. La momification culturelle entraîne une momification de la pensée individuelle. » Voir Frantz Fanon, *Pour la révolution africaine. Écrits politiques* [1964], Paris, Éditions La Découverte, 2001, p. 46.
20. « *In a sense the limitations of Orientalism are, as I said earlier, the limitations that follow upon disregarding, essentializing, denuding the humanity of another culture, people, or geographical region. But Orientalism has taken a further step than that: it views the Orient as something whose existence is not only displayed but has remained fixed in lime and place for the West. So impressive have the descriptive and textual successes of Orientalism been that entire periods of the Orient's cultural, political, and social history are considered mere responses to the West. The West is the actor, the Orient a passive reactor* ». Voir Edward W. Said, *Orientalism* [1978], London, Penguin Books, 2003, p. 108-109.

sans nous, l'existence d'une Asie serait invisible et indifférente au regard de la principale intéressée[21]. »

Schwab cherche en Asie les éléments de construction d'une vision globale et comparée des littératures. Il souligne notamment cet élément en conclusion de *La Renaissance orientale* où il indique que cette dernière aura permis un « immense déplacement mental[22] ». À partir du moment où l'Europe découvre et traduit les littératures asiatiques à la fin du XVIIIe siècle, « va prévaloir l'étude des relations entre des masses » et l'idée selon laquelle « l'esprit s'attache aux mobilités et non aux états[23] ». Dans « Domaine oriental », il remet ainsi en cause le cadre national, en résonance avec la vision goethéenne d'une littérature mondiale dans le *West-östlicher Diwan* (1819) et la Lettre à Eckerman de 1827. Schwab invite à « recomposer des ensembles » et « explorer des convergences » et prédit : « à coup sûr, avant la fin de ce siècle on ne pourra plus analyser de grands processus historiques, en littérature grecque, française, ou américaine, sans puiser des éléments de comparaison dans les séries orientales[24]. » Cependant Schwab imagine cette nouvelle globalisation littéraire selon l'unique axe indo-européen, appliquant à la littérature les liens de parenté établis par la linguistique orientaliste entre langues dites « indo-européennes[25] ». Il exclut de cet axe d'influence les littératures africaines et déplace l'Égypte et les pays du « Moghreb » de l'Afrique vers le domaine oriental[26].

Le geste novateur de Schwab, qu'il ne faut jamais oublier de resituer dans son contexte, a bien sûr ses limites idéologiques, qui nous apparaissent aujourd'hui en même temps que la générosité de son projet. On note par exemple que le terme « littérature » n'est pas remis en question, comme si son usage allait de soi. Or le moindre décentrement épistémique oblige à reconnaître que ce qui apparaît comme littérature ici n'apparaît pas forcément comme tel là-bas, et vice versa. L'assignation des frontières du littéraire est un geste effectué depuis une situation spatio-temporelle. Par exemple, dans *La Renaissance orientale*, Schwab restreint la notion de littérature aux productions écrites, et ne tient pas compte des littératures orales, des ora-

21. Raymond Schwab, « Domaine oriental », dans *Histoire des littératures. I*, *op. cit.*, p. 118.
22. Raymond Schwab, *La Renaissance orientale*, *op. cit.*, p. 635.
23. *Idem.*
24. Raymond Schwab, « Domaine oriental », dans *Histoire des littératures. I*, *op. cit.*, p. 107, 108.
25. En Europe, on fait communément remonter l'invention des langues indo-européennes à l'étude publiée en 1786 sous le titre de « Third Anniversary Discourse. On the Hindus » par l'orientaliste britannique Sir William Jones. Nous précisons « communément » car l'historien Mohamed Tavakoli-Targhi a démontré que Jones connaissait les écrits du lexicographe et linguiste Siraj al-Din Khan Arzu (1689-1756) au sujet des affinités entre persan et sanskrit et donc que la théorie indo-européenne n'a pas été « inventée » par Jones et les savants orientalistes européens. Voir Mohamad Tavakoli-Targhi, « The Homeless Texts of Persianate Modernity », *Cultural Dynamics*, vol. 13, n° 3, 2001, p. 263-291, en particulier p. 277.
26. Raymond Schwab, « Domaine oriental », *op. cit.*, p. 109.

tures, ou encore de tout autre système écrit qui n'aurait pas pour intention de retranscrire la parole, comme ont pu les étudier Walter Mignolo et Elizabeth Boone dans le cas des littératures des Andes et de la Mésoamérique[27]. De même, si placer l'autre avant le même relève d'une pratique altruiste, elle implique une séparation entre les termes plutôt qu'elle ne la dépasse et elle admet implicitement en prémisse les scissions aréales[28].

Le but de notre propos introductif n'est pas, bien entendu, de proposer une lecture rétrospective de Schwab l'accusant de ne pas avoir su anticiper la critique du discours orientaliste, les études postcoloniales et décoloniales. En revanche, il nous appartient de contextualiser et problématiser les propos de Schwab. Par exemple, au lendemain de la Seconde guerre mondiale et en contexte colonial, comment interpréter l'absence de la Méditerranée et l'omission des littératures nord-africaines ou africaines de *La Renaissance orientale* ? Par ailleurs, dans « Domaine oriental », la cartographie littéraire proposée par Schwab reproduit dans toute sa violence un imaginaire colonial destructeur d'espaces : « Regardez la carte : un formidable casque d'espace blanc — déserts vides de toutes les cultures — coiffe et chasse vers le bas une minorité de pointes sombres, champs où se serre une densité de corps et d'esprits ; presque seules, les quatre grandes péninsules du sud — à peine le tiers du continent — ont été des terres à littérature. Les mêmes que les terres à céréales et à métaux : Palestine-Mésopotamie-littoral arabe, — Perse, — Inde, — Chine-Indochine, Japon. Civilisation du blé, civilisation du riz. Ailleurs, le famélique[29] ».

La « Renaissance orientale » est la condition du développement de ce que Schwab nomme « humanisme intégral[30] ». La contribution de Schwab s'inscrit donc à la fois dans le domaine de la critique littéraire en France et est en lien avec les réflexions menées par ses contemporains au sujet de l'humanisme. En effet, en proposant un humanisme *intégral*, Schwab participe, mais dans la plus complète discrétion et en décalage, puisque depuis le champ de la philologie, aux débats qui animent la philosophie européenne au lendemain de la Seconde guerre mondiale. Dans les décennies 1940 et 1950, Théodore Adorno[31] et Max Horkheimer[32], Jacques

27. Walter Mignolo et Elizabeth Hill Boone, *Writing Without Words. Alternative Literacies in Mesoamerica and the Andes*, Durham, NC, Duke University Press, 1994.
28. Pour une critique des études aréales voir Ottmar Ette, *TransArea. Une histoire littéraire de la mondialisation*, trad. par Chloé Chaudet, Paris, Classiques Garnier, 2019.
29. Raymond Schwab, « Domaine oriental », *op. cit.*, p. 110.
30. Raymond Schwab, *La Renaissance orientale*, *op. cit.*, p. 79.
31. Voir *Minima Moralia. Réflexions sur la vie mutilée* publié en 1951 et dans lequel Adorno estime que l'individu a perdu son statut de sujet et son autonomie, donc également sa capacité à réaliser la fin axiologique du genre humain pour être réduit au statut d'objet (voir I § 17).
32. Adorno et Horkheimer publient de manière conjointe et confidentielle en 1944 puis officielle en 1947 *Dialektik der Aufklärung* (« Dialectique des Lumières », publié en français en 1974 sous le titre de *Dialectique de la raison*). Les auteurs interrogent les processus philosophiques et sociologiques qui ont transformé et détourné le projet des Lumières

Ellul[33], George Orwell[34], Martin Heidegger dans *Brief über den Humanismus* (1946), ou encore Frantz Fanon dans *Peau noire, masques blancs* (1952) proposent une critique puissante de la modernité, de la raison et de l'humanisme en tant qu'idéal ayant perdu toute forme de légitimité. À la même époque et poursuivant le constat de cette faillite de l'humain, Albert Camus et Jean-Paul Sartre répondent depuis la philosophie par une forme d'humanisme athée et une éthique de la responsabilité, Claude Lévi-Strauss depuis l'anthropologie par une critique de l'ethnocentrisme, et Raymond Schwab depuis la philologie par « l'humanisme intégral », et la reconnaissance d'un patrimoine littéraire commun Orient-Occident.

On comprend aussi en quoi la pensée de l'humanisme intégral, tel que Schwab l'articule à l'histoire littéraire, fait également sens au lendemain de la Seconde guerre mondiale et précisément au moment où les nations se sont déchirées en terrain européen et international. Assise sur un socle idéologique orientaliste et colonial latent, la visée de Schwab dans sa conception de la mondialité littéraire et de la circulation mondiale des idées et des textes se veut néanmoins pacifiste. Sa réhabilitation des figures mineures de l'orientalisme et leurs travaux passe par leur dépolitisation. De même, en un temps comme le nôtre de multiplication et de militarisation des frontières, sa cartographie littéraire, faite d'espaces poreux et de circulations transnationales, est séduisante mais elle a un prix : l'invisibilisation des rapports de domination qui continuent de découper les espaces et de diriger les circulations. L'humanisme intégral, pour signifier autre chose qu'une déclaration de bonnes intentions, doit s'accompagner d'une réflexion sur les logiques de domination qui empêchent précisément un postnationalisme littéraire de se constituer.

L'*intégralité* voulue par Schwab repose sur un modèle centre/périphérie selon lequel l'Europe part à la recherche et à la conquête d'un patrimoine littéraire venu d'Orient. Plutôt que d'exclure les marges, Schwab encourage la critique littéraire à reconnaître les « apports » de l'ailleurs venus nourrir la littérature de langue française et la capacité des orientalistes à avoir su « extraire » de ces littératures les perles à traduire. Cela dit, il faut rappeler que les orientalistes n'ont jamais travaillé seuls mais ont toujours eu recours à des réseaux de savoir et à des savants locaux. L'héroïsation promue par Schwab d'orientalistes ayant permis à eux seuls de passer d'un monde « entièrement perdu » à un monde « en quelques années totalement connu », de même que le présupposé d'un accès immédiat à « l'Orient », ont été largement révisés depuis par les tenants de

et l'usage de la raison en entreprise barbare de domination du monde. Ils recherchent les conditions de possibilité d'un sauvetage des Lumières et de l'humanisme qu'ils trouvent pour leur part dans l'esthétique du fragment, contre la pensée de la totalité, systématique et totalitaire.

33. On pense ici en particulier aux travaux d'Ellul sur la technique et la critique du progrès qu'il accomplit en parallèle avec d'autres auteurs, comme Guy Debord dans les années 1950 et 1960. Voir en particulier de Jacques Ellul, *La Technique ou l'enjeu du siècle* (1954) et *Métamorphose du bourgeois* (1967).
34. Orwell mène une réflexion sur les systèmes politiques et la pensée totalitaire ainsi que la propagande dans *Animal Farm* (1945) et *Nineteen Eighty Four* (1949).

l'histoire connectée et dans les études biographiques des *passeurs* de connaissances[35]. D'autre part, cette démarche encourageant curiosité et bienveillance, applique les mêmes logiques d'extraction à l'œuvre dans le champ colonial. L'ailleurs fournit une matière première que l'Europe sélectionne et théorise. Les apports littéraires du « domaine oriental » au creuset commun sont fonction d'une sélection établie depuis l'Europe, par l'Europe et ses orientalistes, et pour son propre bénéfice. Schwab ne mentionne pas les rapports asymétriques comme conditions de possibilité de cette Renaissance orientale.

L'article de Claire Gallien ouvrant ce dossier a pour fonction d'en compléter l'introduction et de poursuivre l'analyse que Sarga Moussa proposait en 2014 dans la revue *Sociétés & Représentations* au sujet de « Edward W. Said lecteur de Raymond Schwab ». Gallien examine la réception de Schwab dans le domaine anglophone, d'après la préface qu'Edward Said publie pour la traduction anglaise de *La Renaissance orientale* en 1984. La lecture enthousiaste de Said, auteur d'une critique virulente de l'orientalisme, concernant Schwab, apologiste de la renaissance orientaliste, paraît paradoxale. Gallien défend l'hypothèse que le rapprochement entre Said et Schwab se joue moins au niveau de l'orientalisme qu'autour de l'enjeu de l'humanisme, « intégral » chez Schwab et « démocratique » chez Said. Si l'on tient compte du panorama académique qui est celui de Said dans les années 1970-1980, l'engagement de l'intellectuel pour la critique philologique, la pensée de l'affiliation, et la question de l'humanisme démocratique, le rapprochement paraît beaucoup moins incongru. L'article propose une étude du lien qui unit Said à Schwab précisément au-delà de l'orientalisme.

La contribution de Sarga Moussa, qui prend pour objet un grand écrivain romantique cher à Schwab, montre qu'il est possible de mettre à profit *La Renaissance orientale* au-delà même du corpus géographique et littéraire que cet essai s'était donné. Alors qu'en était écarté le Proche-Orient, le grand rêve lamartinien, d'inspiration saint-simonienne, certes non dépourvu d'ambiguïté, de « rapprochement » de deux mondes, ne peut-il être justifiable, lui aussi, d'une lecture « schwabienne » — du moins dans la partie du *Voyage en Orient* (1835) qui constitue le journal de voyage proprement dit, dont le narrateur conçoit son activité comme une « traduction » de l'ailleurs et qui ne cesse de construire des ponts entre cultures en multipliant les figures de médiateurs ?

Ce que la tradition du voyage en Orient a apporté à la littérature française, en terme d'ouverture comparatiste, à partir d'un poète voyageur comme Lamartine, Schwab a tenté de le mettre en pratique et de le développer, au-delà même

35. Voir en particulier les travaux de Sanjay Subrahmanyam, Muzzafar Alam, Kapil Raj. Voir notamment l'entretien de Subrahmanyam pour *La Vie des Idées* : Anne-Julie Etter & Thomas Grillot, « Le goût de l'archive est polyglotte. Entretien avec Sanjay Subrahmanyam », *La Vie des idées*, 27 janvier 2012. http://www.laviedesidees.fr/Le-gout-de-l-archive-est-polyglotte.html

des aires culturelles orientales, dans son activité de rédacteur de la revue *Yggdrasil* (1936-1940), dont Guillaume Bridet montre, dans une perspective à la fois pionnière et nuancée, l'apport remarquable en termes d'ouverture à des littératures étrangères, des quatre coins du globe, à une époque où les nationalismes montants, puis la xénophobie allant de pair, dans une Europe en guerre, allaient rendre impossible l'idée même d'un tel projet éditorial.

Partant d'une analyse de poèmes de Schwab — aujourd'hui bien oubliés, mais qui eurent leurs lecteurs et même leurs admirateurs, comme l'écrivaine et universitaire Marie-Jeanne Durry, Chloé Chaudet fait « dialoguer » (*post mortem*) deux intellectuels que tout semblait opposer, Sartre et Schwab, le premier clairement situé à gauche de l'échiquier politique, le second, par son intérêt pour les spiritualités et par sa fréquentation de cercles chrétiens, plutôt à droite — mais qui pourtant ont pensé l'un et l'autre, au sortir de la Seconde guerre mondiale, une forme d'« engagement » de la littérature (idéologique et anticolonial chez l'un, philologique et épistémologique chez l'autre), donc de mise en cause d'un point de vue eurocentré, l'un et l'autre pouvant d'ailleurs apparaître, rétrospectivement, comme de lointains précurseurs du critique et théoricien Edward Said[36].

Dans « Fictions "d'innombrable" », Ninon Chavoz relit *Âmes. Histoire de la souffrance* (2019) de Tristan Garcia à l'aune du « nouveau romantisme » contemporain. L'auteur met en place un modèle « ultra-narratif » qu'il associe à un modèle « venu du bouddhisme ou de l'hindouisme ». En se fondant systématiquement sur les hypothèses énoncées par Raymond Schwab, cet article propose une lecture d'*Âmes* comme une résurgence de l'épopée romantique, dans laquelle l'influence orientale serait autant thématique que formelle, manifeste dans une prédilection pour les romans de l'abondance et de « l'innombrable ».

L'article de Tristan Leperlier, « Entre Intégral et Intégrisme », propose à partir d'une réflexion critique sur *La Renaissance orientale* de Raymond Schwab, et les thèmes de l'« intégral, » du « mondial » contre le « national » qui y sont développés, une méthode d'histoire littéraire transnationale mais réintroduisant cette fois le politique, et illustrée à partir du cas algérien. En particulier, à l'encontre d'une téléologie de l'intégration, ou encore d'un métissage universel, cette méthode permet de mettre en lumière les tensions permanentes et dialectiques au sein d'une littérature postcoloniale entre intégration à l'international, et construction parfois « intégriste » d'une spécificité nationale.

36. Sur les sources en langue française (Césaire, Senghor, Sartre, Fanon...) de la critique saïdienne de l'orientalisme, voir la très substantielle introduction de Edmund Burke III et David Prochaska à l'ouvrage collectif paru sous leur direction, *Genealogies of Orientalism. History, Theory, Politics*, Durham, University of Nebraska Press, 2008.

Enfin, notre dossier se clôt sur le Japon, autre « interlocuteur invisible » après l'Algérie et le monde arabo-musulman de *La Renaissance orientale*. Michaël Ferrier rappelle que l'archipel nippon n'y est presque jamais évoqué et qu'il représente paradoxalement la silhouette fantomatique dont parle Schwab à propos de « l'Asie » dans la pensée de l'Europe, au moment même où il s'applique à la dissiper. Ferrier analyse ce que nous apprend cette absence des circonstances historiques, de l'horizon épistémologique et des présupposés méthodologiques de *La Renaissance orientale*, et des limites de « l'humanisme intégral ».

À la lecture des articles constituant ce dossier, nous voudrions proposer trois sens à l'expression « penser à partir de Schwab » qui nous sert de fil conducteur. L'expression ne signifie pas suivre à la lettre le modèle littéraire qu'il propose, mais plutôt, dans un premier temps, prendre en compte le contexte littéraire dans lequel il se situe et se demander en quoi penser *à partir de* lui signifialt déjà, au milieu du XXe siècle, proposer une forme de dissidence. En effet, selon Schwab, les cadres littéraires nationaux ne valent plus que considérés dans toute leur porosité, en l'occurrence par une mise au jour des réseaux d'influences asiatiques sur les littératures européennes et par l'analyse de la littérature française à l'aune des résonances orientales qui la travaillent. Dans l'essai « Domaine oriental », Schwab souligne : « Ces quelques mots veulent seulement dire — mais ils le veulent — qu'à moins de faire cause commune avec les génies non européens, nous n'aurons jamais qu'une idée boiteuse de ce que nous-mêmes appelons la littérature[37]. »

D'autre part, penser *à partir de* Schwab peut signifier dérouler le fil de sa pensée pour mieux en définir les contours et les limites. Le problème de l'orientalisme sera abordé beaucoup plus en détails par Claire Gallien dans l'article qui suit cette introduction. Ainsi, ce temps critique permet de reposer la question des lignes politiques informant des pratiques littéraires, telle que la définition d'un texte, d'un auteur, d'un passeur, d'un canon, d'une tradition, ou d'une histoire.

Enfin, penser *à partir de* Schwab peut signifier aussi prolonger son geste d'ouverture aux autres littératures et d'ébranlement des identités — Schwab parle d'un immense décentrement et de vacillation dans les toutes premières pages de sa conclusion à *La Renaissance orientale* — pour poser la question de ce vers quoi ce geste nous permettrait de tendre aujourd'hui. Ceci pourrait donner lieu à une réflexion sur nos propres impensés. Quels lieux, quelles littératures, quelles voix demeurent invisibles et inaudibles aujourd'hui ? Si, comme l'avait très bien compris Said, Schwab nous invite à penser par « widening circles of pertinence[38] », quels impensés liés à la classe, au genre, à la race, au religieux, ou encore à l'anthropocentrisme et à

37. Raymond Schwab, « Domaine oriental », *op. cit.*, p. 104.
38. Edward Said, *Humanism and Democratic Criticism*, New York, Palgrave, 2004, p. 80.

l'anthropomorphisme informent nos conceptions de la littérature et manières de concevoir la recherche en littérature ?

Par exemple, il pourrait s'agir de problématiser et de prolonger un autre concept fort que Schwab développe dans *La Renaissance orientale* — celui de « multiplication du monde », qu'on retrouve sous l'un de ses avatars inspirés, lorsqu'il parle de « soupçon d'innombrable[39] ». Schwab entendait par cette formule rendre hommage aux orientalistes qui ont permis à l'Europe de « déchiffrer » des alphabets, des littératures, et les mondes qui leurs sont liés. Si cette ouverture au monde provoque un salutaire relativisme culturel, sorte de remède à l'exceptionnalisme dominateur[40], le problème reste entier de savoir au bénéfice matériel et symbolique de qui cette multiplication a lieu. Par ailleurs l'emploi du singulier indique que la pluralisation se produit dans un seul et même cadre — en d'autres termes qu'il s'agit de décliner différentes manières d'être dans un seul et même monde, le problème étant que l'imaginaire et le dessin des limites de ce monde n'appartient qu'à un centre. C'est à ce centre (l'Europe, selon la thèse de Schwab) qu'il revient de découvrir, rendre visible, et multiplier l'Autre devenu objet (de connaissance, de désir...) innombrable (et donc précisément innommable, non réellement identifiable en tant que subjectivité à part entière et égale).

Le question demeure entière concernant ce qui reste invisible. D'ailleurs, Schwab lui-même indique bien que l'ouverture et la multiplication des points de comparaison permises par la « Renaissance orientale » n'implique pas que l'on change de centre : l'Europe découvre ailleurs « d'autres Europe[41] ». Schwab reformule cette idée dans « Domaine oriental » lorsqu'il écrit : « ne va-t-on pas faire le tour du monde pour s'apercevoir qu'on est à peine sorti de chez soi ?[42] » La formule peut se prêter à une interprétation généreuse selon laquelle Schwab n'aurait pas dit ici que l'autre est réductible et assimilable au moi mais plutôt que le moi est fondamentalement étranger à lui-même, que l'autre est déjà dans le moi. La formule de « multiplication du monde » peut également être prolongée et dépassée par une réflexion sur des manières de multiplier qui ne soient pas juste produites depuis le centre et au bénéfice de ce dernier. La reconnaissance du « pluriversalisme décolonial », formule

39. Raymond Schwab, *La Renaissance orientale, op. cit.*, p. 38.
40. Schwab l'écrit avec éloquence dans « Domaine oriental » : « il s'est produit, dans le dernier tiers du XVIIIe siècle, une révolution dont toute l'histoire humaine ne connaissait aucun précédent : une culture, la nôtre, qui jusqu'alors se croyait unique, a été contrainte d'admettre l'existence de rivales plus anciennes, de nombreuses littératures, pour le moins ses égales, — et enfin de tout juger désormais, dans le domaine de l'esprit, par rapport à des ensembles universels » (dans *Histoire des littératures. I, op. cit.*, p. 104). Notons ici que la production d'universels est bien mise au pluriel. Néanmoins, la découverte d'autres universels, ou la multiplication des mondes a lieu depuis l'Europe, comme si ces mouvements de découverte ne pouvait partir que de ce centre et que les autres ensembles culturels n'avaient pas vécu leurs temps des grands décentrements.
41. Raymond Schwab, *La Renaissance orientale, op. cit.*, p. 13.
42. Raymond Schwab, « Domaine oriental », *op. cit.*, p. 103.

empruntée à Walter Mignolo mais aussi à Sonia Dayan-Herzbrun et à Zahra Ali, pourrait faire figure d'un penser *au-delà* de Schwab permettant le passage de la multiplication du monde à la multiplication des mondes[43].

Claire GALLIEN et Sarga MOUSSA

43. Sur la notion de pluriversalité, voir d'abord Walter Mignolo et Madina Vladimirovna Tlostanova, « On Pluri-topic Hermeneutics, Trans-modern Thinking, and Decolonial Philosophy, » *Encounters*, vol. 1, n° 1 (Fall 2009), p. 11-26 ; Walter Mignolo, « Re-emerging, Decentring and Delinking. Shifting the Geographies of Sensing, Believing and Knowing » (8 mai 2013), http://www.ibraaz.org/essays/59 ; Zahra Ali et Sonia Dayan-Herzbrun (dir.), *Pluriversalisme decolonial*, Numéro spécial, *Tumultes,* n° 48, Paris, Éditions Kimé, 2017 ; voir également Arturo Escobar, *Designs for the Pluriverse*, Durham, NC, Duke University Press, 2018.

Sur la préface d'Edward Said à la traduction anglaise de *La Renaissance orientale* (1984) de Raymond Schwab : De « l'humanisme intégral » à « l'humanisme démocratique »

Le présent article a pour fonction de compléter l'introduction à ce dossier et de poursuivre l'analyse que Sarga Moussa proposait en 2014 dans la revue *Sociétés & Représentations* au sujet de « Edward W. Said lecteur de Raymond Schwab ». J'examine d'une part la réception de Schwab dans le domaine anglophone, d'après la préface qu'Edward Said publie pour la traduction anglaise de *La Renaissance orientale* (1950 ; réédition 2014) en 1984[1]. Malgré la somme de connaissances qu'il agrège (il s'agit, ne l'oublions pas, de la version revue et publiée d'une thèse d'État que Schwab soutint à la Sorbonne en 1948) et le tournant dans la critique et l'histoire littéraire qu'il implique, le livre et son auteur n'ont pas atteint la notoriété à laquelle on aurait pu s'attendre. D'autre part, je défends l'hypothèse que le rapprochement entre Said et Schwab se joue moins au niveau de l'orientalisme qu'autour de l'enjeu de l'humanisme, « intégral » chez Schwab et « démocratique » chez Said. Ce glissement de l'orientalisme vers l'humanisme permet de dépasser la tension très justement identifiée par Sarga Moussa résultant du rapprochement entre Said, auteur d'une critique virulente de l'orientalisme, et Schwab, apologiste de la renaissance orientaliste[2].

Outre une meilleure connaissance des travaux des orientalistes européens, et notamment leurs traductions des littératures asiatiques, Schwab opère un double décentrement, historique et géographique, de l'histoire littéraire en reconnaissant, après la Renaissance européenne du XVIe siècle, l'impact dans toute l'Europe de cette seconde « Renaissance », cette fois-ci orientale,

1. Raymond Schwab, *The Oriental Renaissance: Europe's Rediscovery of India and the East 1680-1880*, trad. Gene Patterson-Black and Viktor Reinking, New York, Columbia University Press, 1984.
2. Sarga Moussa, « Edward W. Said lecteur de Raymond Schwab », *Sociétés & Représentations*, n° 37, 2014, p. 69-78, ici p. 76-77.

au XIXe siècle, provoquant un « immense déplacement mental[3] ». Au-delà de son pourtour méditerranéen, l'Europe reconnaît en l'Asie un patrimoine littéraire qu'elle traduit et s'approprie. Schwab s'intéresse moins à la dimension coloniale d'une telle appropriation, à une époque où précisément la France est encore en possession d'un empire, qu'aux décentrements, ébranlements, et reconfigurations que ces littératures asiatiques provoquent à leur arrivée en Europe à partir de la fin des Lumières. Elles initient une entrée dans l'« âge du relatif[4] » : « L'idée de poésie, ou de révélation, ou de monument, oscille, à présent que ni Homère ni la Bible ni la basilique ne sont plus seuls historiques [...] maintenant va prévaloir l'étude des relations entre des masses ; l'esprit s'attache aux mobilités et non aux états[5] ». Schwab invite ainsi, en 1950, à repenser toute l'histoire littéraire et les études littéraires comparées en faisant fi de la dimension nationale qui est pourtant, au moins depuis Herder, constitutive du champ.

Avant sa préface à *The Oriental Renaissance*, Edward Said avait publié l'article « Raymond Schwab and the Romance of Ideas » dans la revue *Daedalus* en 1976[6]. Cet article est republié sous forme de chapitre dans *The World, The Text, and the Critic* de 1983, et comme préface pour la traduction de l'ouvrage en anglais en 1984. En réalité, ce n'est qu'une version tronquée de l'article de 1976 qui est repris pour la préface de 1984. À cette date, l'auteur décide en effet de couper la dernière partie où il s'engageait dans une critique de la dépolitisation schwabienne de l'entreprise orientaliste. Said cite aussi *La Renaissance orientale* dans *Beginnings* en 1974 et commente également l'ouvrage dans *Orientalism* en 1978.

C'est l'aspect monumental des connaissances accumulées par Schwab, son attention philologique et sa capacité à exhumer les travaux de savants orientalistes peu connus qui fascinent Said et expliquent cette rencontre intellectuelle inattendue entre l'apologiste et le critique de l'orientalisme. Said cite Schwab en huit endroits différents de *Orientalism* et est captivé par son travail encyclopédique[7]. Il compare *La Renaissance orientale* à *Kubla Khan and the Fall of Jerusalem* (1975) de E.S. Schaffer, au sujet de l'orientalisme allemand cette fois. Il recommande ses « *brilliant pages on the museum, on the parallelism between biology and linguistics, and on Cuvier, Balzac, and others*[8] » ou encore sa « *brilliant biography on Anquetil-Duperron in 1934*[9] ».

3. Raymond Schwab, *La Renaissance orientale* [1950], Paris, Payot, 2014, p. 635.
4. *Ibid.*, p. 635.
5. *Idem.*
6. Edward Said, « Raymond Schwab and the Romance of Ideas », *Daedalus*, vol. 105, no. 1, Winter 1976, p. 151-167.
7. Edward Said, *Orientalism*, New York, Pantheon Books, 1978, p. 51, p. 137.
8. *Ibid.*, p. 339.
9. *Ibid.*, p. 252.

Une fois perçues les raisons intellectuelles de cet engouement, deux questions demeurent en suspens — pourquoi Said passe-t-il sous silence les propos très problématiques de Schwab au sujet de la renaissance orientale et son mouvement d'« englobement » impérial ? Schwab conclut en effet sa monographie par l'éloge d'un projet grâce auquel « on traverse toute l'épaisseur du temps, on couvre tout l'espace habité[10] » et en répétant sa fascination pour un XIXe siècle dont « la puissance de dilatation apparaît sans exemple[11] ». La seconde question concerne l'humanisme schwabien : pourquoi, alors même que Said note dès 1976 la formule d'« humanisme intégral », Schwab disparaît-il des pages de ses essais sur l'humanisme regroupés dans *Humanism and Democratic Criticism* ? On pourrait en effet s'attendre à un retour de Schwab sous la plume de Said. Or il semble que dans les années 2000, Schwab ne s'impose plus à Said pour parler d'humanisme. Ou plutôt, et c'est l'argument que j'aimerais présenter dans ce court propos au sujet du rapport de Said à Schwab, l'intellectuel français, s'il n'est plus cité directement, est bien présent de manière latente dans *Humanism and Democratic Criticism* précisément parce que la conception de l'humanisme « démocratique » de Said s'inspire de l'humanisme intégral auquel appelait Schwab cinquante ans plus tôt.

Tout d'abord, si Said passe très largement sous silence le positionnement problématique de Schwab vis-à-vis de l'orientalisme, c'est qu'il le désigne en tant qu'écrivain, intellectuel, érudit, poète, mais non universitaire ou orientaliste. Dans sa préface, il compare Schwab à Borges ou à Auerbach[12] et le présente comme un intellectuel consumé et passionné par sa tâche, érudit et vorace de tous les savoirs. Said trouve en Schwab un critique littéraire ayant incarné ce modèle de l'érudit philologue et investi dans un projet de relecture de l'histoire littéraire à grande échelle et à partir de figures secondaires et excentriques au panthéon[13]. Il retrouve chez Schwab non un « orientaliste » mais un « orienteur[14] », pour ne pas dire un visionnaire de la critique littéraire.

Les orientalistes sont plus sévères au sujet de Schwab que Said lui-même. L'indianiste allemand Wilhem Halbfass, appelé à écrire une recension de la traduction anglaise de Schwab, s'étonne au sujet des « *exuberant phrases of Edward Said* » et critique davantage Schwab que Said n'avait pu ou voulu le faire dans sa préface. Schwab « *seems generally less interested in showing the limits of the "Oriental Renaissance", the Eurocentric exclusivism which accompanies it, the extent to which the "Orient" is merely a stylised literary device, and the often transitory and superficial character of the enthusiasm for the East*[15] ».

10. Raymond Schwab, *La Renaissance orientale*, *op. cit.*, p. 635.
11. *Ibid.*, p. 636.
12. Edward Said, « Preface », dans Raymond Schwab, *The Oriental Renaissance*, *op. cit.*, p. vii-viii.
13. *Ibid.*, p. viii, xiv.
14. *Ibid.*, p. ix.
15. Wilhelm Halbfass, « The Oriental Renaissance: Europe's Rediscovery of India and the East, 1680-1880. by Raymond Schwab, trad. Gene Patterson-Black and Victor Reinking », *The Journal of Asian Studies*, vol. 44, no. 4, Aug., 1985, p. 799-800, ici p. 799.

Said apprécie chez Schwab sa capacité à repenser la recherche littéraire au-delà de toute catégorie binaire[16], mais il ne relève pas le caractère potentiellement colonial de la vision schwabienne d'une littérature intégrée. Schwab ne voit aucun problème à parler de cette renaissance comme d'un phénomène couvrant tout l'espace habité[17] et comme d'une entrée dans l'« ère des déchiffrements », comme si l'Orient et les Orientaux pouvaient être l'objet d'un décodage facile par les orientalistes européens. Said reprend en préface une formule de Schwab selon laquelle « Calcutta fournit, Londres distribue, Paris filtre et théorise[18] » sans jamais relever l'imaginaire colonial extractiviste qui la sous-tend et le problème d'une histoire (littéraire) qui ne s'écrit pas à parts égales. De même qu'il colle au texte schwabien lorsqu'il reprend l'idée selon laquelle en intégrant les littératures asiatiques à son propre patrimoine linguistique et littéraire, l'Europe fait du monde un tout : « *making the world into a whole again*[19]. » Ce type d'argument eurocentrique et universalisant emprunte à l'idéologie impériale et l'absence de commentaire de la part Said quant à l'impensé colonialiste et essentialiste schwabien, parlant notamment de « tempérament asiatique », est troublant.

On s'étonne aussi de la manière qu'a Said de rapprocher Schwab de Foucault, qui a consacré ses années de recherche à démêler les effets de pouvoir au sein de discours, y compris et surtout des discours du savoir, et de considérer le travail du premier comme préfigurant et complétant celui du second : « *where Foucault is rather ambiguous [in assigning a particular set of causes to the transformation in culture and practice that took place at the end of the eighteenth century] [...] Schwab is uncompromising [...] more unstinting with information supporting his case for the Orient-as-case [...] nor is it their [neither Schwab nor Foucault] view that literary works can be studied in unheeding isolation from those conditions of verbal production and textual revolution*[20]. » Enfin, Schwab rend compte de manière très concrète de ce que peut signifier constituer une archive, selon les termes de Foucault dans *L'Archéologie du savoir*[21].

Cependant, la préface de 1984 constitue, très certainement pour répondre aux besoins éditoriaux, une version tronquée de l'article de 1976. Said retire les derniers paragraphes dans lesquels il s'engageait, bien qu'avec retenue, dans une critique de ce que l'on pourrait précisément identifier comme l'orientalisme latent de Schwab. C'est en retournant à l'article dans *Daedalus* ou à sa nouvelle publication dans le chapitre dans *The World, the Text, and the Critic*, que

16. « *Dualities, opposition, polarities—as between Orient and Occident, one writer and another, one time and another—are converted in his writing into lines that criss-cross, it is true, but also draw a vast human portrait.* » Edward Said, « Preface », *op. cit.*, p. ix.
17. Raymond Schwab, *La Renaissance orientale*, *op. cit.*, p. 635.
18. Edward Said, « Preface », *op. cit.*, p. ix.
19. *Ibid.*, p. x.
20. *Ibid.*, p. xvi.
21. *Idem.*

l'on retrouve les pièces manquantes du puzzle où Said mentionnait l'amnésie coloniale à l'œuvre dans l'histoire littéraire schwabienne. Néanmoins, ces commentaires tardifs ne contredisent pas les éloges précédents. D'ailleurs, Said intercale après chaque critique des propos réhabilitant Schwab en rappelant la qualité de son érudition. En réalité, pour mieux comprendre ce passage et dépasser l'impression de tension qui en ressort, il faut changer de niveau d'analyse : ne plus envisager l'article uniquement sous l'angle d'une lecture attentive et élogieuse de Schwab, mais également sous celui de la confrontation entre Said et la critique littéraire et orientaliste nord-américaine de son temps et comme occasion pour le théoricien d'introduire ses propres thèmes.

Tout d'abord, cette partie retirée de la préface préfigure les thèses de Said dans *Orientalism* publié en 1978. Said rappelle l'écart entre les connaissances de Schwab au sujet des orientalistes et ce qu'il conclut, ou plutôt les conclusions qu'il ne tire pas, au sujet du rapport entre sciences et colonisation : « *It is not only that there are political conclusions he will not draw about the European ravaging of the Orient, but also that he chooses to see the East-West relationship as basically an equal one—whereas in fact, of course, it was no such thing*[22]. » D'autre part, Said passe rapidement de Schwab à une critique acerbe des orientalistes universitaires nord-américains qu'il présente comme les héritiers directs des philologues orientalistes du XIXe siècle :

> *They take the Oriental to be an essentially backward, primitive human in need of civilizing control. Their views as Orientalists, no matter how sophisticated the form in which they are put, are consequently debased in the extreme.*[23]

Said revient sur la Guerre du Kippour d'octobre 1973 qui a donné lieu à

> *a whole mass of analyses, having for their background some almost incredibly atavistic pieties about the Arab mind, the Islamic mentality, Arab society, and so forth, all of them resting upon a wickedly simplified* colonial *view—openly racist in its more honest expressions—of the Oriental personality.*[24]

Said explique en somme que les silences inconscients, voire bénins, de Schwab le gênent moins que ceux, partisans, instrumentalisés, arabophobes et islamophobes, de ses collègues nord-américains.

Par ailleurs, Schwab sert Said dans ses prises de position vis-à-vis de la critique littéraire nord-américaine. Par exemple, il récuse la vision proposée par W.J. Bates et Harold Bloom d'un Romantisme hanté par l'influence littéraire venue d'Orient et pour cela il utilise Schwab et son travail minutieux démontrant à quel point le Romantisme a été un terrain d'accueil et d'accommodation

22. Edward Said, « Raymond Schwab and the Romance of Ideas », *Daedalus*, *op. cit.*, p. 164.
23. *Idem.*
24. *Idem.*

des lettres asiatiques telles que transmises par les orientalistes plutôt que le réceptacle d'une hantise[25]. De plus, Schwab ouvre de nouvelles perspectives aux études littéraires en France dans les années 1950 en insistant sur la littérature comme phénomène historique et social, dépendant d'acteurs, de cadres épistémologiques, politiques, de contraintes sociales et culturelles[26]. Selon Schwab, dans le tout premier paragraphe de *La Renaissance orientale*, la disjonction disciplinaire entre études littéraires et histoire, entre généralisations théoriques et précisions historiographiques, est dommageable à la pensée critique dans son ensemble : « C'est que les historiens de la littérature et des idées croyaient ce sujet réservé aux orientalistes, tandis que ceux-ci leur abandonnaient les généralisations historiques[27]. »

À son tour, Said retient cet effort de mise en perspective historique des phénomènes littéraires et s'en sert comme « antidote à la poétique structuraliste[28] ». Grâce à elle, il critique les tenants du New Criticism, courant de théorie littéraire formaliste dominant la critique étatsunienne des années 1950 aux années 1970[29]. Selon Said, cette école ne réfléchit pas assez à la manière dont les ouvrages savants sont articulés sur le monde extérieur et formulent des réponses aux sollicitations de ce monde[30]. Or, toujours selon Said, certains objets de recherche (comme l'orientalisme, de par son lien avec le projet colonial) imposent encore plus que d'autres une articulation au politique[31] et appellent le critique à expliciter les contenus demeurés latents dans les œuvres : « *one can at least point to, and perhaps later supply, the aspects of reality that are missing*[32]. » Said emprunte à Schwab ce qu'il nomme l'attention aux « circonstancialités » des œuvres et applique pleinement ce principe deux ans plus tard dans *Orientalism*.

En dehors de la critique de l'orientalisme, Said récupère la figure de Schwab philologue et l'utilise dans ses propres travaux pour mettre en œuvre, notamment, sa force de décentrement et d'affiliation, le temps long de la recherche et de l'écriture, l'attention au détail signifiant et la capacité à penser les ensembles à partir de cas ou à resituer les cas dans les plus grands ensembles politiques, idéologiques, discursifs, qui les gouvernent. Ces caractéristiques sont regroupées dans le concept d'« humanisme démocratique », clé de voûte du système de pensée saïdien, et développé dans une série de conférences au début des années 2000[33].

25. Edward Said, « Preface », *op. cit.*, p. ix.
26. *Ibid.*, p. xvi.
27. Raymond Schwab, La Renaissance orientale, *op. cit.*, p. 13.
28. Edward Said, « Raymond Schwab and the Romance of Ideas », *Daedalus*, *op. cit.*, p. 166.
29. *Ibid.*, p. 165.
30. *Idem.*
31. *Idem.*
32. *Ibid.*, p. 166.
33. Cette série de quatre conférences donna lieu au dernier ouvrage de Said publié de manière posthume en 2004 sous le titre de *Humanism and Democratic Criticism* (*Humanisme et démocratie*, trad. par Chritian Calliyannis, Paris, Fayard, 2005).

On voit que Said opère un travail de relecture de Schwab à l'aune de ses préoccupations et de l'élaboration de son propre vocabulaire critique. Said apprécie en Schwab un penseur du détail signifiant et pour qui la recherche ne peut se faire dans l'urgence et sous injonctions de logiques médiatiques. Schwab incarne un « type de recherche extrêmement rare refusant d'avancer à toute vitesse[34] » et auquel Said adhère par ailleurs, notamment dans *The Question of Palestine* dans lequel il fustige la « couverture » médiatique partisane au sujet du conflit israélo-palestinien, de la politique nord-américaine au Moyen-Orient et des représentations de l'islam. Il rappelle dans le dernier chapitre de *Humanism* le rôle public des écrivain.e.s et intellectuel.le.s qui ont le choix entre l'accès au pouvoir, le spectacle d'un combat inoffensif, ou la prise de position, intégrant une mise en danger et un refus de participer aux systèmes d'oppression en place[35].

Said note également la capacité qu'a eu Schwab, en son temps, de bousculer et renverser les cadres de pensée dominants : non seulement Orient et Occident se complètent, mais plus encore c'est la littérature européenne qui découvre ce qu'elle doit à ses consœurs orientales. Said perçoit que Schwab met en place un système de décentrement de l'Europe : alors que la première Renaissance recentre l'Europe sur elle-même et sur son héritage gréco-latin, la seconde Renaissance est animée par une force centrifuge en direction de l'Inde. Schwab s'intéresse aux orientalistes européens qui n'auraient pas réduit l'Orient à un « objet » de savoir mais l'auraient considéré comme une force (« *the Orient as cause*[36] », note Said) capable de modifier la manière dont l'Europe s'est construite au cours du temps (toujours Said : « *the reeducation of one continent by another*[37] »). C'est en ce sens, et parce que l'intervention critique de Schwab opère un décentrement, que Said le qualifie d'« orienteur[38] » et non d'orientaliste.

Il me semble pertinent de relier la manière dont Said lit Schwab à ce qu'il développe dans sa propre théorie et notamment sa pensée des circulations littéraires dans le chapitre « Traveling Theory » et au sujet de l'affiliation dans le chapitre « Secular Criticism » tiré du livre *The World, The Text and the Critic* de 1983. Said défend notamment, au-delà de la filiation biologique, instinctive, de l'individu à une communauté de naissance, l'affiliation élective de toute personne en situation d'exil ou de refus de soumission à l'ordre souverain. L'affiliation peut tout à fait reproduire le type d'exclusion à l'œuvre dans la filiation mais précisément parce qu'elle est l'œuvre d'une construction, d'une mise en rapport, soulignée dans la présence du préfixe « af-filiation », celle-ci peut donner lieu à la pratique de communautés ouvertes[39]. Said retrouve chez

34. Edward Said, « Preface », *op. cit.*, p. x.
35. Edward Said, *Humanism and Democratic Criticism*, New York, Palgrave, 2004, p. 135.
36. Edward Said, « Preface », *op. cit.*, p. xvi.
37. *Idem.*
38. Edward Said, « Preface », *op. cit.*, p. ix
39. Edward Said, *The World, The Text and the Critic*, Cambridge, MA, Harvard UP, 1983, p. 16, p. 24.

Schwab cette capacité critique affiliative qu'il estime nécessaire pour penser de manière complexe des phénomènes que la chronologie ou la géographie (la filiation) séparent ou ne mettent pas en rapport[40].

La lecture enthousiaste que fait Said de *La Renaissance orientale* demeure paradoxale si l'on s'en tient au sujet strict de l'orientalisme. En revanche, si l'on tient compte du panorama académique qui est celui de Said dans les années 1970-1980, et l'engagement de sa carrière entière pour la critique philologique, la pensée de l'affiliation, et la question de l'humanisme démocratique, le rapprochement paraît beaucoup moins incongru. Pour Schwab, « l'humanisme intégral » s'oppose aux limites spatiales du premier humanisme européen et ne se reconnaît pas dans une pensée par frontières nationales ou aréales. Même si, comme nous le soulignons en introduction, ni Schwab, ni Said, ne posent la question de l'accès à cet « humanisme intégral » ni non plus de savoir qui a les moyens de penser sans frontière et qui est empêché.e de les dépasser, l'humanisme intégral correspond à cet humanisme critique et démocratique auquel appelle Said en de très nombreux endroits de son œuvre.

Dans la préface de 1984, Said lit chez Schwab une manière de penser par « *widening circles of pertinence*[41] » (« élargissement des cercles de pertinence »). Plus tard, dans les dernières pages de *Humanism and Democratic Criticism*, Said souligne que le discours intellectuel déconnecté de la vie des hommes et femmes qui en sont les objets, qui n'a pas su penser son impact sur le réel, ni bien retranscrire la réalité en mots, qui n'a pas su penser par cercles concentriques, est une pensée déshumanisée :

> *Peace cannot exist without equality [...] The seduction of the word itself—peace—is that it is surrounded by, indeed drenched in, the blandishments of approval, uncontroversial eulogizing, sentimental endorsement [...] It takes a good deal more courage, work, and knowledge to dissolve words like 'war' and 'peace' into their elements, recovering what has been left out of peace processes that have been determined by the powerful, and then placing that missing actuality back in the centre of things, than it does to write prescriptive articles for liberals [...] The intellectual is perhaps a kind of countermemory, with its own counterdiscourse that will not allow conscience to look away or fall asleep. The best corrective, as Dr Johnson said, is to imagine the person whom you are discussing—in this case the person on whom the bombs will fall—reading you in your presence.*[42]

Claire GALLIEN
Université Paul Valéry Montpellier 3
IRCL (UMR5186)

40. Edward Said, « Preface », *op. cit.*, p. xi-xii.
41. Edward Said, *op. cit*, p. 80.
42. Edward Said, *op. cit.*, p. 142-143.

« Voyager c'est traduire[1]. » Relire le *Voyage en Orient* de Lamartine à la lumière de Raymond Schwab

L'essai fondateur de Raymond Schwab, *La Renaissance orientale* (1950), est très largement consacré à la présence de l'Inde ancienne dans la littérature française au XIXe siècle. L'auteur, dans son chapitre consacré à Lamartine, a bien mis en évidence la révélation spirituelle que constitua pour ce dernier, fût-ce tardivement, et par des traductions, la lecture des *Védas* et de la *Bhagavad Gîtâ*, ce dont il témoigne dans les 3e et 4e Entretiens du *Cours familier de littérature* (1856)[2]. Mais Schwab écarte de son corpus toute la tradition du « voyage en Orient », au sens du parcours ritualisé autour du bassin oriental de la Méditerranée que l'anthologie de Jean-Claude Berchet a fait connaître[3]. Sans doute y avait-il diverses raisons à ce choix, à commencer par l'intérêt ancien de Schwab lui-même pour l'Inde, notamment pour la figure du grand sanskritiste Anquetil-Duperron auquel il avait consacré une biographie en 1934[4]. Mais on peut lire aussi, dans le refus schwabien de traiter le Proche-Orient, un choix idéologique en creux : alors que la France et l'Angleterre allaient s'affronter, tout au long du XIXe siècle, pour la maîtrise de la Méditerranée, l'Inde ne constituait plus, à la même époque, un enjeu colonial français. L'Inde était donc un objet qui se prêtait mieux que les provinces ottomanes à une enquête sur la redécouverte sans arrière-pensée dominatrice (du moins pour Schwab), que les écrivains français et les orientalistes savants allaient accomplir, entre la fin des Lumières et le Romantisme, au sens large. À l'inverse, Edward Said, avec son célèbre essai *Orientalism* (1978), allait se concentrer sur l'Orient méditerranéen pour démasquer le « discours orientaliste », c'est-à-dire les structures de pensée impérialistes des voyageurs, écrivains et savants européens, principalement français et anglais, s'agissant du XIXe siècle, depuis

1. Alphonse de Lamartine, *Voyage en Orient* [1835], éd. Sarga Moussa, Paris, Champion, 2000, p. 123.
2. Raymond Schwab, *La Renaissance orientale*, Paris, Payot, 2014, p. 488 et suiv.
3. Jean-Claude Berchet, *Le Voyage en Orient*, Paris, Laffont, « Bouquins », 1985.
4. Raymond Schwab, *Vie d'Anquetil-Duperron*, Paris, Leroux, 1934.

l'expédition d'Égypte de Bonaparte jusqu'à la chute de l'empire ottoman[5]. Mais tout l'orientalisme littéraire de cette époque, notamment celui représenté par les écrivains voyageurs dans l'Orient méditerranéen, ne peut être interprété sans introduire des nuances sur la question de savoir dans quelle mesure leur imaginaire orientaliste favorisait ou légitimait l'attitude prédatrice de l'Occident. Il se pourrait que la « renaissance orientale », au sens que Schwab donnait à cette formule empruntée à Quinet (c'est-à-dire au sens d'une fascination intellectuelle non suspecte d'ambitions coloniales et qui doit beaucoup à des écrivains, des savants et à des traducteurs), puisse aussi concerner, au moins pour certains auteurs, la représentation du Proche-Orient dans la littérature française à l'époque romantique.

On voudrait ici proposer l'hypothèse selon laquelle le *Voyage en Orient* (1835) de Lamartine révèle la même fascination face à l'islam que celle décrite par Schwab à propos de l'Inde. Alors que Chateaubriand, qui fut le grand inventeur d'un parcours méditerranéen, voulait tout à la fois réactiver la tradition des pèlerins médiévaux et ouvrir la route à de futurs écrivains, avec son *Itinéraire de Paris à Jérusalem* (1811), Lamartine décida rapidement de s'émanciper de son prédécesseur : autant le premier creuse l'écart entre Orient et Occident, faisant du Turc la figure de l'ennemi, autant le second est soucieux de trouver des rapprochements entre Orientaux et Occidentaux, accordant une grande importance à des figures médiatrices privilégiées, dont on se propose d'examiner quelques exemples représentatifs de l'orientalisme lamartinien.

Sans nier la question coloniale, qui est d'ailleurs centrale dans le « Résumé politique du *Voyage en Orient* », où se révèle incontestablement un eurocentrisme dominateur[6], on voudrait montrer que le Voyage lamartinien, au moins dans la partie qui constitue le journal proprement dit, cherche à instaurer une nouvelle relation à l'Orient, et que le rôle des *médiateurs* est capital pour comprendre la démarche d'ouverture à l'autre de Lamartine. On s'intéressera notamment à Joseph Mazoillier, l'interprète du voyageur pendant son séjour en Syrie et en Palestine, mais aussi à la figure d'un autre médiateur privilégié, l'agent consulaire Beaudin à Damas, enfin à deux figures de la médiation spirituelle qui se font écho à Constantinople, celle du narrateur lui-même écoutant les bruits de la ville et celle du Turc rêvant devant les paysages du Bosphore.

5. Voir Edward Said, *L'Orientalisme. L'Orient créé par l'Occident*, trad. fr. par Catherine Malamoud, Paris, Éditions du Seuil, 1980. Sur la reconnaissance relativement tardive de l'importance de Schwab par Said, voir notre article « Edward Said lecteur de Raymond Schwab », dans « Edward W. Said. Une conscience inquiète du monde », dossier établi par Guillaume Bridet et Xavier Garnier, *Sociétés & Représentations*, n° 37, 2014, p. 69-78.
6. C'est ce qui justifie la critique d'Edward Said, par ailleurs particulièrement sévère s'agissant du *Voyage en Orient* de Lamartine (*L'Orientalisme*, *op. cit.*, notamment p. 107).

Éloge du *drogman*

Comme tous les voyageurs en Orient de la première moitié du XIXe siècle, avant l'arrivée du tourisme de masse et des voyages organisés, Lamartine avait à son service un *drogman*, c'est-à-dire un guide-interprète, lors de ses déplacements en Syrie et en Palestine. Le terme de *drogman*, d'origine arabe, renvoie d'abord aux interprètes formés par l'École des Jeunes de Langue fondée par Colbert avec des objectifs diplomatiques[7]. Mais dès lors que les voyages en Orient s'intensifient, après la Révolution française, apparaît un nouveau personnage sur la scène orientale, celui du guide-interprète, recruté sur place, et qui accompagne les voyageurs dans leurs pérégrinations. Dans ce contexte, le drogman n'est pas forcément un interprète possédant une formation spécifique et affecté à un consulat, mais une personne qui, à titre privé, offre ses services à des voyageurs européens, avec lesquels il signe en général un contrat qui précise ses tâches. À partir du moment où le genre viatique se littérarise, le drogman devient en même temps un personnage à part entière, dans le récit des écrivains qui rendent compte de leur expérience orientale. L'image qu'en donnent les voyageurs du XIXe siècle, de Chateaubriand à Gautier, est souvent parodique. L'exemple paradigmatique est celui du drogman Abdallah, dans le *Voyage en Orient* (1851) de Nerval : ignorant mais imbu de lui-même, toujours désireux de servir les touristes anglais (dont le statut social lui paraît supérieur à celui du voyageur français), le guide-interprète est ici, paradoxalement, un gêneur qui, loin de faciliter la communication interculturelle, la rend problématique. Le narrateur nervalien, sans surprise, finit par congédier Abdallah, tout en le remplaçant par d'autres intermédiaires, qui eux-mêmes s'avèrent tout aussi insatisfaisants…

Au-delà du problème, bien réel, de l'absence de formation linguistique officielle de ce type de drogman, il est clair que l'image parodique qu'en donnent la plupart des voyageurs en Orient, à l'époque romantique, répond aussi à une logique spécifique. L'explication que nous avions proposée, dans *La Relation orientale* (1995), reposait sur l'hypothèse selon laquelle l'écrivain en voyage se considérait lui-même comme une sorte de grand « traducteur » de l'Orient, et que, pour légitimer son propre statut aux yeux de ses lecteurs européens, il avait besoin de donner une image dévalorisante de son drogman oriental, de façon à mieux se mettre lui-même en valeur[8]. Or, Lamartine apparaît, dans la lignée des écrivains voyageurs en Orient de la première moitié du XIXe siècle, comme un cas un peu à part, puisqu'il rend hommage à plusieurs reprises, dans son *Voyage en Orient*, à son drogman Joseph Mazoillier[9]. Il faut dire que ce dernier (que Lamartine orthographie « Mazoyer » dans son

7. Voir Daniel Reig, *Homo orientaliste*, Paris, Maisonneuve et Larose, 1988.
8. Voir Sarga Moussa, *La Relation orientale. Enquête sur la communication dans les récits de voyage en Orient (1811-1861)*, Paris, Klincksieck, 1995, chap. I (« L'invention du drogman »).
9. « […] homme de courage, d'intelligence et de probité, dévoué de cœur à la France, ce jeune homme pourrait être de la plus grande utilité au gouvernement dans nos échelles de Syrie » (Lamartine, *Voyage en Orient*, éd. citée, p. 618).

Voyage en Orient) avait été mis à sa disposition par le consulat de France à Beyrouth : autrement dit, il avait sans doute un statut social plus élevé que les drogmans recrutés par Chateaubriand, Nerval, Flaubert, Du Camp et Gautier lors de leurs propres voyages en Orient. Quoi qu'il en soit, dès son arrivée à Beyrouth, Lamartine rend hommage à son drogman, dont il précise qu'il était issu d'un mariage mixte :

> M. Jorelle [gérant du consulat de France] m'a procuré un excellent drogman ou interprète dans la personne de M. Mazoyer, jeune Français d'origine, mais qui, né et élevé en Syrie, est très versé dans la langue savante et dans les divers dialectes des régions que nous devons parourir. Il est installé aujourd'hui chez moi, et je lui remets le gouvernement de toute la partie arabe de ma maison[10].

Certes, Lamartine cède parfois à la tentation de se substituer à son drogman, ainsi lorsqu'il présente le journal de Fatalla Sayeghir, publié à la suite de son propre récit de voyage, comme « rapporté et traduit par les soins de M. de Lamartine[11] ». Or, on sait que le texte de ce drogman syrien, lequel accompagna vers 1810 le chevalier de Lascaris (lui-même au service de la politique orientale envisagée un temps par Bonaparte) dans ses pérégrinations parmi les tribus d'Arabes nomades, a dans un premier temps été traduit en langue franque[12] par J. Mazoillier, avant d'être mis en français par l'épouse de Lamartine — puis révisé, enfin, par celui-ci. Mais l'indication abusive laissant entendre que Lamartine savait l'arabe n'est conservée que jusqu'à l'édition de 1841 du *Voyage en Orient* : la rectification est une manière indirecte de ne pas empiéter sur les prérogatives du premier traducteur, sans qui le journal de F. Sayeghir, véritable épopée du désert que Lamartine offrait en prime à ses lecteurs, n'aurait jamais été connu en France[13].

Mazoyer est en réalité beaucoup plus qu'un interprète. Il fait partie de ceux que Schwab appelait des « transmetteurs[14] », et il constitue à ce titre un véritable intercesseur culturel, ne serait-ce que par sa famille, puisqu'on sait qu'il était le neveu du cheikh d'Eden[15], lequel invita Lamartine, sa femme

10. *Ibid.*, p. 151. Voir la notice que François Pouillon a consarée à Joseph Antoine Mazoillier dans son *Dictionnaire des orientalistes de langue française*, Paris, Karthala, 2008, p. 670-671.
11. Lamartine, *Voyage en Orient*, éd. citée, p. 613.
12. Il s'agit d'une langue hybride, composée de turc, d'arabe et de différentes langues romanes parlées dans les Échelle du Levant, et encore en usage au XIXe siècle — la conquête de l'Algérie a d'ailleurs suscité un regain d'intérêt pour cette langue uniquement parlée, avec la publication en 1830, à Marseille, d'un *Dictionnaire de la langue franque ou petit mauresque*. Cependant, d'une manière générale, la langue franque, assimilée à un sabir, a été souvent dévalorisée, voire ignorée, alors même qu'elle a joué un rôle important dans les échanges méditerranéens. Sur cette question, voir Jocelyne Dakhlia, *Lingua franca. Histoire d'une langue en Méditerranée*, Arles, Actes Sud, 2008.
13. Sur ce texte et sa récriture lamartinienne, voir notre *La Relation orientale*, *op. cit.*, p. 129 et suiv.
14. R. Schwab, *La Renaissance orientale*, *op. cit.*, p. 411.
15. « Le scheik d'Eden, dernier village habité au sommet du Liban, était l'oncle, par sa mère, de M. Mazoyer, mon interprète » (Lamartine, *Voyage en Orient*, éd. citée, p. 485).

et leurs domestiques arabes à lui rendre visite en les accompagnant, depuis Tripoli, dans une périlleuse excursion à travers la montagne libanaise. Véritable montée initiatique au milieu des éboulis, cette ascension se fait sous la houlette du cheikh comparé à « un patriarche marchant à la tête de sa tribu[16] », et dont le cheval évoque « la digne monture d'un héros de la *Jérusalem*[17] ». Se déplacer dans l'espace, pour le narrateur du *Voyage en Orient*, c'est donc aussi remonter le temps (réel ou fictionnel) en évoquant de grands moments de l'histoire religieuse. On est ici entre correligionnaires : Mazoyer est de confession chrétienne, comme le cheikh d'Eden (village maronite au nom évocateur[18]) — et comme le voyageur lui-même. Le christianisme facilite donc, en ce sens, la rencontre entre Orient et Occident. Pourtant, l'enjeu de celle-ci est moins de retrouver en l'autre un simple double de soi-même, que de projeter sur l'ailleurs un passé imaginaire, qui peut aussi être rêvé comme païen, en l'occurrence celui des « belles mœurs homériques[19] » que Lamartine croit retrouver à travers l'hospitalité et les festins dont il bénéficie lorsqu'il parvient dans ce village libanais. Mazoillier, dans ce contexte, est à la fois un intermédiaire précieux et un élément issu de ce monde idéalisé des origines. En ce sens, il est, à tous égards, l'antithèse du drogman grec de Chateaubriand, accusé de savoir à peine quelques mots d'italien et d'anglais, et qui apparaissait, sur les ruines de Sparte, comme l'incarnation de l'ignorance supposée des Grecs modernes face à leur propre passé[20].

Loué pour sa connaissance de l'arabe classique et dialectal[21], Mazoillier est un médiateur à la fois temporel et spatial. Il est donc, dans le récit lamartinien, bien plus qu'un simple drogman, fonction qui se limite, en principe, à la communication orale. Par ailleurs, il est un facilitateur de dialogue interculturel, comme on le voit lorsque Lamartine est à Damas, chez l'agent consulaire français qui réunit autour de lui une petite société cosmopolite d'habitants arabes, de résidents français, de négociants et de pèlerins étrangers : « À l'aide de M. Baudin et de M. Mazoyer, mon drogman, on causait avec assez de facilité. La cordialité et la simplicité la plus parfaite régnaient dans cette soirée

16. *Ibid.*, p. 486.
17. *Ibid.* ; la *Jérusalem délivrée* est un texte particulièrement important dans le *Voyage en Orient* (il constitue l'intertexte de la descente à la mer Morte, depuis Jérusalem), et Le Tasse constitue lui-même une figure à laquelle Lamartine s'identifie volontiers (Entretiens 90 et 91 du *Cours familier de littérature*).
18. « J'étais l'hôte du scheik d'Eden, village arabe maronite suspendu sous la dent la plus aiguë de ces montagnes » (*ibid.*, p. 490). On orthographie aujourd'hui « Ehden » ce village du Nord du Liban situé à 1 500 mètres d'altitude.
19. *Ibid.*, p. 491. Lamartine a consacré l'une de ses biographies d'hommes célèbres à Homère, lequel constitue évidemment, à plusieurs égards, un modèle pour lui. Voir à ce sujet notre étude « Lamartine, nouvel Homère », dans Françoise Létoublon et Catherine Volpilhac-Auger, avec la collaboration de Daniel Sangsue (dir.), *Homère en France après la Querelle (1715-1900)*, Paris, Champion, 1999, p. 379-389.
20. « "Voilà Misitra, disais-je au cicerone ; c'est Lacédémone, n'est-ce pas ?". Il me répondait : "Signor ? Lacédémone ? Comment ?" » (François-René de Chateaubriand, *Itinéraire de Paris à Jérusalem*, éd. Jean-Claude Berchet, Paris, Gallimard, « Folio », 2005, p. 124).
21. Lamartine, *Voyage en Orient*, éd. citée, p. 151.

d'hommes des quatre extrémités du monde[22]. » L'association de ces deux noms est significative : si Mazoillier est bien l'interprète du voyageur, leur hôte joue un rôle qui prolonge l'idée de la médiation entre Orient et Occident, dans la mesure où il recrée autour de lui un microcosme idéal, sorte de petite utopie d'un monde pacifié, opposé à l'agitation politique et militaire extérieure qui est celle d'un empire ottoman affaibli, à la fois de l'intérieur (par les ambitions impérialistes de l'Égypte) et de l'extérieur (par les convoitises que cette situation d'affaiblissement suscitent chez les puissances européennes).

Voyons en quoi le personnage de l'agent consulaire français à Damas, tel que le peint Lamartine dans son *Voyage en Orient*, constitue à son tour une figure de médiateur.

Beaudin, médiateur privilégié

On sait peu de choses sur Jean-Baptiste Beaudin à l'époque où Lamartine le rencontra[23], si ce n'est ce que ce dernier en dit dans son *Voyage en Orient*[24]. Rassemblons d'abord les quelques informations disponibles à son sujet et replaçons son action dans le contexte politique de l'époque, avant de voir comment le narrateur construit la figure de l'agent consulaire comme un homme idéal de l'entre-deux.

> [...] M. Baudin parle arabe comme un Arabe, et a lié des relations d'amitié et de commerce avec toutes les tribus errantes des déserts qui entourent Damas. Il a épousé une femme arabe, d'origine européenne. Il vit depuis dix ans à Damas, et malgré les nombreuses relations qu'il a formées, sa vie a été plusieurs fois menacée par la fureur fanatique des habitants de la ville. [...]. M. Baudin, dont la vie est sans cesse en péril à Damas, et qui est, dans cette grande capitale, le seul moyen de communication, le seul anneau de la politique et du commerce de l'Europe, reçoit du gouverne-

22. *Ibid.*, p. 467.
23. Lamartine l'orthographie à tort « Baudin » dans son *Voyage en Orient*. Il ne donne jamais son prénom, qu'on connaît désormais par l'étude de Rina Cohen, « L'affaire de Damas et les prémices de l'antisémitisme moderne », *Archives juives* 1/2001 (vol. 34), p. 114-124 (URL : http://doi.org/10. 3917/aj.341.0114 ; consulté le 22.01.2020). Jean-Baptiste Beaudin aurait participé, en tant que drogman-chancelier du consulat français à Damas, à l'enquête qui conduisit à accuser à tort des Juifs de Damas, sous prétexte de meurtre rituel, de l'assassinat du père Thomas, un religieux d'origine sarde, en 1840. Nombreux furent ceux qui, en Europe, et notamment en France, crurent à cette accusation, et il est possible que Lamartine lui-même soit tombé dans le piège de cette calomnie antisémite. Cela dit, cette affaire est postérieure au séjour de Lamartine à Damas, en avril 1833. Sur la dimension européenne de celle-ci, voir Andrea Schatz, *L'Affaire de Damas (1840). Perspectives franco-allemandes*, éd. Stephan Braese et Céline Trautmann-Waller (Conférences Franz Hessel), Paris, Éditions de l'éclat, 2017.
24. Informations reprises dans René Tresse, « Lamartine à Damas, 2 avril-6 avril 1833 », dans *Lamartine et le voyage en Orient. 1833*, Bulletin de l'Enseignement publié par le Haut Commissariat de la République française en Syrie et au Liban, Beyrouth, Imprimerie Catholique, 1932, p. 42 et suiv.

ment français pour tout salaire de ses immenses services, un modique traitement de 1 500 francs ; [...][25].

Installé à Damas « depuis dix ans », donc depuis 1823, c'est sans doute à cette date qu'il fut nommé dans cette ville agent consulaire de France — un statut inférieur à celui de consul ou de consul général (ce qui peut expliquer, au moins en partie, les problèmes d'argent qu'il connut à la fin de sa vie), mais un statut qui était peut-être, dans son cas, associé malgré tout à un certain prestige, puisqu'à l'époque où Lamartine le rencontra, il représentait en même temps les autres puissances européennes[26] dans une ville que le voyageur dit « fanatique ». Cette réputation (accrue encore par le fait que Damas était un point de départ important pour les caravanes de pèlerins à destination de La Mecque) est attestée par d'autres voyageurs contemporains, parmi lesquels Baptistin Poujoulat, le jeune historien ayant accompagné Joseph Michaud en Orient, et qui écrivait, en 1831 : « Damas est, pour les Francs [*i.e.* les Européens] un livre rebelle à qui veut l'ouvrir ; puissé-je en dérouler quelques pages ![27] » De fait, la capitale syrienne n'avait pas la même position que Le Caire, dont le vice-roi Mohammed Ali était très tourné vers la France, en ce qui concerne l'ouverture à la modernité européenne. Cependant, l'occupation de la Syrie par Ibrahim, général en chef de l'armée égytienne, l'année précédant celle où Lamartine arriva en Orient, changea un peu les choses pendant quelque temps[28]. Autrement dit, lorsque l'auteur du *Voyage en Orient* se trouvait à Damas, le contexte politique était favorable à ce qu'il appelait, non sans ambiguïté, « l'inévitable rapprochement de ces deux parties du monde[29] ».

Beaudin incarne donc, aux yeux de Lamartine, l'espoir d'un monde nouveau, où l'Orient s'ouvrirait à l'Occident — d'où la tentation coloniale qu'il exprime par-

25. Lamartine, *Voyage en Orient*, éd. citée, p. 449.
26. Il est « agent consulaire de France et de toute l'Europe », écrit Lamartine (*Voyage en Orient*, éd. citée, p. 449). Autrement dit, il devait représenter également les intérêts de l'Angleterre et de l'Autriche, et peut-être d'autres pays européens encore.
27. Joseph Michaud et Joseph Poujoulat, *Correspondance d'Orient* [1833-1835], Bruxelles, Gregoir, Wouters et Cie, 1841, t. VII, p. 13-14.
28. Lamartine crut un moment qu'Ibrahim, qu'il mythifiait au point de le comparer à Alexandre le Grand, allait devenir le nouvel homme fort de l'Orient. Voir notre article « La figure d'Ibrahim dans le *Voyage en Orient* de Lamartine », *Écrire l'histoire*, n° 7 (dossier « Ailleurs », 1), 2011, p. 63-75. Mais l'Égypte, malgré une conquête éclair de la Syrie (Ibrahim entra à Damas, le pacha s'étant enfui, le 13 mars 1832) dut s'en retirer, à la suite de la Conférence de Londres, en 1840, sous pression de l'Angleterre et de l'Autriche : les ambitions impérialistes de Mohammed Ali menaçaient le sultan ottoman. Sur cette période de l'histoire égyptienne, voir Gilbert Sinoué, *Le Dernier Pharaon. Méhémet-Ali, 1770-1849*, Paris, Pygmalion/Gérard Watelet, 1997, p. 295 et suiv., et, sur le contexte de la « question d'Orient » dans le *Voyage en Orient*, Nicolas Courtinat *Philosophie, histoire et imaginaire dans le* Voyage en Orient *de Lamartine*, Paris, Champion, 2003, p. 266 et suiv.
29. Lamartine, *Voyage en Orient*, éd. citée, p. 457.

fois, bien que rarement, dans son journal de voyage[30]. Beaudin, écrit Lamartine, « parle comme un Arabe » : il peut donc non seulement comprendre tout ce qui se dit autour de lui, mais aussi s'adresser à des interlocuteurs arabes ou parlant l'arabe, ce qui en fait un véritable intermédiaire culturel, au-delà de son rôle diplomatique au service de la France. Du coup, il faut distinguer deux registres dans le portrait qu'en donne le narrateur du *Voygage en Orient*. D'une part, Beaudin apparaît comme un fidèle serviteur de son pays, dont il sert les intérêts commerciaux et politiques par sa connaissance du contexte syrien et plus largement ottoman — tout en étant peu rémunéré, comme l'indique Lamartine, qui va jusqu'à préciser son salaire. D'autre part, l'agent consulaire fait l'objet d'une idéalisation sous la forme d'un être changeant, capable de s'adapter à toutes les situations et à comprendre tous les points de vue — c'est au fond un bon représentant de cet « âge du relatif[31] » dont parle R. Schwab :

> M. Baudin est un de ces hommes rares que la nature a faits propres à tout : intelligence claire et rapide, cœur droit et ferme, infatigable activité ; l'Europe ou l'Asie, Paris ou Damas, la terre ou la mer, il s'accommode de tout, et trouve du bonheur et de la sérénité partout, parce que son âme est résignée, comme celle de l'Arabe, à la grande loi qui fait le fond du christianisme et de l'islamisme, soumission à la volonté de Dieu, et aussi parce qu'il porte en lui cette ingénieuse activité d'esprit qui est la seconde âme de l'Européen. Sa langue, sa figure, ses manières, ont pris tous les plis que sa fortune a voulu lui donner. À le voir avec nous causant de la France et de notre politique mouvante, on l'eût pris pour un homme arrivé la veille de Paris et y retournant le lendemain ; à le voir le soir couché sur son divan, entre un marchand de Bassora et un pèlerin turc de Bagdad, fumant la pipe ou le narghilé, défilant paresseusement entre ses doigts les grains d'ambre du chapelet oriental, le turban au front, les babouches aux pieds, disant un mot par quart d'heure sur le prix du café ou des fourrures, on le prendrait pour un marchand d'esclaves ou pour un pèlerin revenant de la Mecque. Il n'y a d'homme complet que celui qui a beaucoup voyagé, qui a changé vingt fois la forme de sa pensée et de sa vie[32].

Beaudin est donc une sorte de caméléon, qui peut s'*arabiser* dès lors qu'il se trouve au contact de la population locale, en particulier le soir, lorsqu'il n'est plus dans sa fonction officielle d'agent consulaire. Dès lors, il n'est même plus besoin de passer par la langue : toute l'attitude de Beaudin dit sa métamorphose, de son habillement à sa posture, en passant par les objets

30. « Alexandre a conquis l'Asie avec trente mille soldats grecs et macédoniens ; — Ibrahim a renversé l'empire turc avec trente ou quarante mille enfants égyptiens, sachant seulement charger une arme et marcher au pas. Un aventurier européen, avec cinq ou six mille soldats d'Europe, peut aisément renverser Ibrahim et conquérir l'Asie [...] » (*ibid.*, p. 425). Et dans le « Résumé politique » : « L'empire turc s'écroule [...] » (*ibid.*, p. 736).
31. R. Schwab, *La Renaissance orientale*, *op. cit.*, p. 635.
32. Lamartine, *Voyage en Orient*, éd. citée., p. 453.

typiquement orientaux qu'il manie avec naturel. Bien entendu, cette description n'échappe pas à un certain nombre de clichés « orientalistes » : l'« ingénieuse activité d'esprit » de Beaudin serait une prérogative européenne, à quoi s'oppose sa nonchalence, clairement associée à la partie orientale de sa double identité. On notera cependant que Lamartine n'oppose pas terme à terme l'Orient à l'Occident, mais qu'il insiste sur une « zone de contact » (M. L. Pratt), celle de l'obéissance à Dieu : le *fatalisme*, que les voyageurs européens associent le plus souvent à l'islam, en général pour critiquer la supposée « passivité » orientale, donc la tout aussi supposée incapacité des musulmans à s'inscrire dans une logique progressiste de l'Histoire — ce fatalisme n'a rien d'une tare, sous la plume de Lamartine, mais constitue au contraire un point de convergence possible avec la religion chrétienne, qui est pour lui, avant toute chose, amour du Dieu unique et soumission à sa volonté. Autrement dit, Beaudin n'est pas seulement un homme qui oscille entre deux pôles identitaires, en fonction de l'heure de la journée ou de ses interlocuteurs : il incarne aussi, aux yeux de Lamartine, une dualité intrinsèque, celle d'un homme qui fait à la fois la synthèse des valeurs associées traditionnellement à l'Orient et à l'Occident, mais aussi celle d'un être profondément *religieux*, capable de trouver un terrain d'entente entre deux monothéismes. En ce sens, Beaudin est aussi une projection idéalisée de l'image que Lamartine voudrait donner de lui-même.

Faire entendre la langue de Dieu

Lamartine apprit qu'il était élu député de Bergues alors qu'il se trouvait à Beyrouth, au début de l'année 1833[33]. Du coup, son voyage s'inscrivait dans une stratégie politique qu'il mit à profit pour s'exprimer à son retour — avec la légitimité de celui qui avait vu le monde oriental de près — sur la « question d'Orient », c'est-dire sur la position que les puissances européennes devraient adopter, selon lui, face à un empire ottoman affaibli par la guerre de libération de la Grèce et par les ambitions impérialistes de l'Égypte. Lamartine, on le sait, plaida d'abord pour une politique coloniale de la France en Méditerranée, dans ses premiers discours « Sur l'Orient » tenus à la Chambre des députés, en janvier 1834, avant de reconnaître, bien plus tard, qu'il s'était trompé dans son analyse[34].

Quoi qu'il en soit, Lamartine ne pensait pas que son rôle politique signifiât un renoncement à son activité poétique. Si le *Voyage en Orient* est la première

33. Voir Gérard Unger, *Lamartine. Poète et homme d'État*, Paris, Flammarion, 1998, p. 190.
34. Voir notre article « Lamartine et la 'question d'Orient' », dans Michel Levallois et Sarga Moussa (dir.), *L'Orientalisme des saint-simoniens*, Paris, Maisonneuve et Larose, 2006, p. 75-90, en particulier p. 84 et suiv. Ces discours ont été réédités par Sophie Basch et Henry Laurens dans Alphonse de Lamartine, *La Question d'Orient. Articles et discours*, Bruxelles, André Versaille éditeur, 2011 (voir en particulier la préface de Sophie Basch pour le revirement tardif de Lamartine concernant son analyse erronée de l'écroulement de l'empire ottoman).

grande œuvre en prose de celui qui était d'abord connu comme le poète des *Méditations* (1820) et des *Harmonies* (1830), cette œuvre est elle-même ponctuée de quelques poèmes placés à des endroits stratégiques du récit[35], et, surtout, elle comporte dans sa prose même une dimension poétique, sensible dans le choix du lexique, dans la sonorité des mots, ou encore dans le rythme de telle phrase. Lamartine voyageur se transforme alors en un poète inspiré, c'est-à-dire, selon sa propre conception, en un interprète de la langue divine, dont il lit les signes dans la nature.

Nous avons examiné ailleurs la scène où le voyageur, dans les environs de Jérusalem, écoute ses chameliers réciter des poésies arabes qu'il ne comprend pas, mais dont la musicalité l'entraîne à *imaginer* le contenu épique[36]. Nous voudrions analyser ici un autre temps fort du Voyage lamartinien, celui où le narrateur, séjournant à Constantinople, rêve devant le paysage de la Corne d'Or où se mêlent la terre, l'eau et le ciel. Citons cette page du journal de voyage, datée du 25 mai [1833] :

> Ce soir, par un clair de lune splendide qui se réverbérait sur la mer de Marmara, et jusque sur les lignes violettes des neiges éternelles du mont Olympe, je me suis assis seul sous les cyprès de l'échelle des Morts, ces cyprès qui ombragent les innombrables tombeaux des musulmans, et qui descendent des hauteurs de Péra jusqu'aux bords de la mer ; ils sont entrecoupés de quelque sentiers plus ou moins rapides, qui montent du port de Constantinople à la mosquée des derviches tourneurs. Personne n'y passait à cette heure, et l'on se serait cru à cent lieues d'une grande ville, si les mille bruits du soir, apportés par le vent, n'étaient venus mourir dans les rameaux frémissants des cyprès. Tous ces bruits, affaiblis déjà par l'heure avancée : chants de matelots sur les navires, coups de rame des caïques dans les eaux, sons des instruments sauvages des Bulgares, tambours des casernes et des arsenaux, voix de femmes qui chantent pour endormir leurs enfants à leurs fenêtres grillées, longs murmures des rues populeuses et des bazars de Galata ; de temps en temps le cri des muezzins du haut des minarets, ou un coup de canon, signal de la retraite, qui partait de la flotte mouillée à l'entrée du Bosphore et venait, répercuté par les mosquées sonores et par les collines, s'engouffrer dans le bassin de la Corne-d'Or, et retentir sous les saules paisibles des Eaux-Douces d'Europe, tous ces bruits, dis-je, se fondaient par instants dans un seul bourdonnement sourd et indécis, et formaient comme une harmonieuse musique où les bruits humains, la respiration étouffée d'une grande ville qui s'endort, se mêlaient, sans qu'on pût les distinguer, avec les bruits de la nature, le retentissement lointain des vagues et les bouf-

35. Voir notre article « La poésie et le poète dans le *Voyage en Orient* de Lamartine », dans *Poésie et voyage*, études réunies et présentées par Sophie Linon-Chipon, Véronique Magri-Mourgues et Sarga Moussa, Mandelieu-La Napoule, Éditions La Mancha, 2002, p. 167-179, et Aurélie Foglia-Loiseleur, « La poésie hors d'elle. Lamartine, un poète en Orient (textes sources et transferts génériques) », dans Sarga Moussa et Michel Murat (dir.), *Poésie et orientalisme*, Paris, Classiques Garnier, 2015, p. 121-137.
36. Voir notre article « Par-delà l'Europe : musique, voix et sonorités dans le *Voyage en Orient* de Lamartine », dans Olivier Bara et Alban Ramaut (dir.), *Généalogies du romantisme musical français*, Paris, Vrin, 2012, p. 239-249.

> fées du vent qui courbaient les cimes aiguës des cyprès. C'est une de ces impressions les plus infinies et les plus pesantes qu'une âme poétique puisse supporter. Tout s'y mêle, l'homme et Dieu, la nature et la société, l'agitation intérieure et le repos mélancolique de la pensée. On ne sait si on participe davantage de ce grand mouvement d'êtres animés qui jouissent ou qui souffrent dans ce tumulte de voix qui s'élèvent, ou de cette paix nocturne des éléments qui murmurent aussi et enlèvent l'âme au-dessus des villes et des empires dans la sympathie de la nature et de Dieu[37].

Bien entendu, Lamartine n'a pas oublié la mort de sa fille unique Julia, que la tuberculose avait emportée à Beyrouth quelques mois plus tôt — il y fait encore allusion, de manière indirecte mais transparente[38], dans les pages qui précèdent cette rêverie idéalisante. Mais celle-ci, qui apparaît du coup comme une tentative de surmonter la douleur indicible de ce décès, prend la forme d'une sorte de « méditation orientale » apaisée, le poète se donnant à voir tout à la fois comme celui qui est capable d'interpréter les différents éléments du paysage sonore qui l'entoure, et qui se trouve lui-même immergé dans ce grand Tout qui constitue une « harmonieuse musique ». Il y a là un double souvenir littéraire, qui renvoie d'abord à Rousseau, et en particulier à la célèbre 5ᵉ *Rêverie* où le « promeneur solitaire », dans l'île Saint-Pierre, décrit le sentiment de communion avec la nature qu'il ressent lorsqu'il se fait bercer par l'eau du lac de Bienne. Mais il y a aussi un écho du « Soir », la 4ᵉ des *Méditations poétiques* (1820) de Lamartine, dont cette page du *Voyage en Orient*, écrite dans une prose rythmée et sonore, apparaît à la fois comme un supplément tardif et comme une variante apaisée. Enfin, on peut déceler dans cette espèce de dilution de la conscience dans son environnement une tentation panthéistique, que Schwab retrouvera d'ailleurs dans un poème tardif de Lamartine comme « Le désert[39] ».

Cette scansion poétique, à l'intérieur de la prose viatique, permet au poète de dire la perte de l'être cher et de la mettre à distance par une méditation sur la place de l'homme dans l'univers. Installé, non par hasard, « sous les cyprès de l'échelle des Morts », le poète en voyage opère la grande synthèse de tous les sons qui l'environnent, et qui renvoient eux-mêmes aux différentes composantes de la capitale ottomane : hommes et femmes, société civile et militaires, mais aussi musulmans et chrétiens mêlent leurs sonorités — puis, dans un second temps, bruits du vent et de

37. Lamartine, *Voyage en Orient*, éd. citée, p. 533-534.
38. « Le cœur, qui n'est plus distrait par rien du dehors, se retrouve en face de ses sentiments mutilés, de ses pensées désespérées, de son avenir emporté ! On ne sait comment on supportera la vie ancienne, la vie monotone ou la vie vide des villes et de la société. C'est ce que j'éprouve, au point de désirer maintenant une éternelle navigation, un voyage sans fin, avec toutes ses chances et ses distractions même les plus pénibles » (*ibid.*, p. 529-530).
39. R. Schwab cite ce vers du « Désert » (1856) : « Si je n'étais pas tout je ne serais plus rien » (*La Renaissance orientale*, *op. cit.*, p. 489).

la mer, autrement dit de la nature, qui viennent prolonger ceux de la ville et y ajoutent une profondeur.

La verticalité dynamique sur laquelle se clôt ce paragraphe entraîne vers une aspiration divine, qui se manifeste ici par un sentiment d'abandon volontaire du poète à ses « impressions » — un terme qui renvoie bien sûr à la poétique romantique des *impressions de voyage* (celle de voyageurs comme Dumas, Nerval et Gautier, qui veulent souvent donner à leur lecteur le sentiment de la transparence et de l'immédiateté perceptive)[40], mais aussi, plus spécifiquement, à son emploi à la fois insistant et plus diversifié dans le *Voyage en Orient* — ce mot apparaît dès les premières lignes de l'Avertissement pour signifier la *prégnance* d'un moment comme celui de la visite de la Terre sainte[41].

Les « impressions » de voyage de Lamartine, même s'il lui arrive de les banaliser[42], sont donc une chose sérieuse. Elles visent non seulement à intérioriser le monde environnant, tel que le voyageur le perçoit, mais aussi, pour le poète romantique aspirant à une fusion universelle, à *traduire* les signes de la présence divine dans l'univers.

Il est significatif que ce grand moment d'aspiration religieuse ait lieu à Constantinople. Alors que Chateaubriand parlait, à son propos, de la « capitale des peuples barbares[43] », Lamartine renverse complètement ce point de vue qu'il faut bien qualifier d'« islamophobe » pour faire de la capitale ottomane le point d'orgue d'une représentation très favorable à l'islam, une religion dont il ne cesse de souligner qu'elle repose d'abord sur l'amour du Dieu unique, et qui se traduit, dans la pratique, par une grande piété[44]. Le narrateur du *Voyage en Orient* amplifie cette représentation « islamophile » dans une page lyrique où il fait des musulmans un peuple proche de la nature, donc de Dieu, et qui constitue à ce titre le modèle d'une spiritualité profonde mais non dogmatique, faisant écho à celle de Lamartine lui-même :

> Il n'y a pas un site du Bosphore, un mamelon, un golfe riant de la côte d'Asie et d'Europe, où un pacha ou un vizir n'ait bâti une villa et un jardin. S'asseoir à l'ombre, en face d'un magnifique horizon, avec de belles branches de feuillage sur la tête, une fontaine auprès, la campagne ou la mer sous les yeux, et là, passer les heures et les jours à s'ennuyer de

40. Voir Philippe Antoine, *Quand le voyage devient promenade. Écritures du voyage au temps du romantisme*, Paris, PUPS, « Imago Mundi », 2011.
41. « J'en ai rapporté [de Jérusalem] de profondes impressions dans mon cœur, de hauts et terribles enseignements dans mon esprit » (Lamartine, *Voyage en Orient*, éd. citée, p. 43).
42. Ainsi dans le contexte rhétorique d'une *captatio benevolentiae*, à la fin de l'Avertissement : « Que le lecteur les ferme donc [ces notes] avant de les avoir parcourues, s'il y cherche autre chose que les plus fugitives et les plus superficielles impressions d'un voyageur qui marche sans s'arrêter » (*ibid.*, p. 46).
43. Chateaubriand, *Itinéraire de Paris à Jérusalem*, éd. citée, p. 256.
44. Voir notre *Relation orientale*, *op. cit.*, chap. V, p. 85 et suiv.

> contemplation vague et inarticulée, voilà la vie du musulman. [...]. C'est un peuple de philosophes ; il tire tout de la nature, il rapporte tout à Dieu[45].

L'islam, à la fin du voyage, est bien une sorte de religion idéale, dont le poète voyageur se veut l'interprète privilégié. On devine que ce dernier s'identifie à la vie des Turcs qu'il peint comme pieux, fatalistes et parfaitement pacifiques (à l'inverse du « despote oriental » qui hantait Chateaubriand !), vivant en harmonie avec leur environnement. Empreint de rousseauisme et de religion « naturelle », cet islam idéal a bien sûr une dimension eurocentrique, voire « orientaliste » (le supposé *fatalisme* oriental). Mais c'est, paradoxalement, cela même qui permet à Lamartine de sortir de soi : sa fascination pour la spiritualité orientale est aussi le gage d'une « renaissance occidentale ».

***

Ce que Raymond Schwab associait à la redécouverte de l'Inde ancienne chez nombre d'écrivains du XIXe siècle, et en particulier chez l'auteur du *Cours familier de littérature*, n'est-il pas aussi en germe, à propos de l'Orient musulman, dans un texte comme le *Voyage en Orient* de Lamartine ? Il nous semble qu'il y a déjà, en 1835, une « renaissance orientale », qui porte sur un empire ottoman perçu par Lamartine d'abord comme un monde profondément religieux. Ce que ce dernier recherche, dans sa démarche viatique, est bien un Orient comme origine de l'Occident, mais pas au sens où l'entendait Chateaubriand, qui limitait cette quête religieuse à l'exaltation de la Terre sainte comme dépositaire des valeurs du christianisme. À la perte du sentiment chrétien dans la France révolutionnée[46], Lamartine oppose tout à la fois la figure du cheikh d'Eden, village maronite du mont Liban où semblent perdurer les mœurs antiques, qu'elles soient chevaleresques, bibliques ou homériques, et la figure d'un homme « double » comme l'agent consulaire de Damas, chrétien mais capable de se confondre avec son environnement musulman. Dans l'un et l'autre cas, le drogman Mazoillier joue un rôle capital, celui d'intermédiaire entre deux mondes — un rôle que le narrateur du *Voyage en Orient* reprend volontiers à son compte auprès de ses lecteurs. Quant à la capitale ottomane, elle occupe elle-même cette position d'entre-deux, qui permet à Lamartine de la présenter tout à la fois comme la grande synthèse harmonique et comme révélatrice d'une religiosité à la fois vivante et tolérante, celle du peuple turc dont Lamartine donne une image fraternelle.

Le *Voyage en Orient* contribue à ouvrir la littérature dite « française » sur son dehors, que Schwab appelait, dans l'Encyclopédie de la Pléiade dirigée par Raymond Queneau, le « Domaine oriental[47] ». En ce sens, Lamartine

45. Lamartine, *Voyage en Orient*, éd. citée, p. 575.
46. « La prière est morte sur les lèvres de ce vieux libéralisme du XVIIIe siècle [...] » (*ibid.*, p. 62).
47. *Histoire des littératures. Encyclopédie de la Pléiade*, sous la dir. de Raymond Queneau, t. I, Paris, Gallimard, 1955, p. 103-219 (« Domaine oriental », texte signé Raymond Schwab, dans « Genèse des littératures »).

est non seulement un poète romantique, mais aussi un grand prosateur qui envisagea son récit viatique comme une œuvre tournée vers l'ailleurs et vers l'avenir. Lui-même s'est pensé comme un « traducteur », c'est-à-dire, à l'instar de son drogman, comme un trait d'union entre Orient et Occident. Que l'image de certains personnages hybrides apparaissant dans son Voyage soit en partie imaginaire est une évidence. Mais le fait même qu'il les construise ainsi doit nous retenir et nous interroger. Il y a chez lui, malgré une tentation colonialiste qui apparaît dans le « Résumé politique », un geste d'ouverture à l'autre, une sincérité dans le désir de connaissance et de reconnaissance, enfin une volonté de « traduire » cette expérience orientale pour le public français.

Sarga MOUSSA
CNRS / THALIM

Yggdrasill (1936-1940) : une revue entre cosmopolitisme, impérialisme et universalisme poétiques

« C'est de toutes les fausses monnaies, mais surtout de la plus tuante, la fausse monnaie verbale, que nous sommes en train de crever. » (Raymond Schwab)

Occasion d'une actualisation particulièrement prégnante du grand récit national, l'histoire littéraire s'est longtemps écrite du point de vue des nations, et cela fut vrai spécialement en France, lorsque la IIIe République mit ses pas dans ceux de la monarchie et de l'empire et fit de la langue, mais aussi de la littérature françaises, les vecteurs de l'unification intérieure du territoire et de la projection impériale vers les lointains à civiliser. Les élites politiques et cultivées de la nation établirent l'appartenance à une communauté imaginée essentiellement littéraire, fondée sur une généalogie de grands auteurs, un corpus de grands textes, l'usage admirable d'une langue qui elle-même ne l'était pas moins — tout cela associé le plus souvent au service de nobles causes identifiées, non sans tension, à la devise de la République. Cette communauté constituait un miroir fortement idéalisé, qui avait sa part de réalité mais qui, sous couvert de liberté, d'égalité et de fraternité, servait aussi de justification aussi bien à la mise au pas des classes populaires qu'à celle des peuples colonisés. Comme on peut le lire dans des ouvrages savants et à la une des magazines, ce grand récit national est en question depuis près de trente ans : certains le revendiquent encore, tandis que d'autres considèrent qu'il est dépassé par l'évolution actuelle du monde. Dans les années 1990, mais cela est revenu récemment sur le devant de la scène, on songea à lui substituer un autre grand récit, qui aurait été le récit européen ; depuis les années 2000, un second grand récit est venu s'ajouter, qui serait celui de la mondialisation. Si l'on peut se demander pourquoi il serait nécessaire de remplacer le récit national par un autre récit (mais on laissera de côté cette question, qui entraînerait trop loin[1]), il apparaît qu'étudier la littérature dans un cadre strictement national n'a plus grand sens : mieux vaudrait la saisir à l'échelle de l'Europe, voire à l'échelle du monde, c'est-à-dire prise dans le flux incessant des échanges, des transferts, des traductions, chaque littérature prétendument nationale n'étant en fait qu'un nœud de relations, nourrissant d'autres littératures aussi bien qu'elle est nourrie par elles, dans un état généralisé de porosité, d'hybridité, de métissage, etc.

Entre avril 1936 et avril 1940, Raymond Schwab assure, essentiellement avec le poète Guy Lavaud[2], la direction de la revue mensuelle *Yggdrasill* dont il est l'un des membres fondateurs. Comme l'indique son sous-titre à la fois modeste et ambitieux, *bulletin de la poésie en France et à l'étranger*, les quarante-six livraisons de la revue, dont le siège se situe dans le XVIe arrondissement de Paris, témoignent d'une extraordinaire ouverture, et dans plusieurs directions : présence de textes poétiques comme de textes écrits par des hommes de lettres ou par des universitaires à propos de la poésie, présence de textes appartenant au passé, parfois fort lointain, comme de textes contemporains, présence, enfin et surtout, de la poésie française, mais aussi de toute une série de poèmes venus d'ailleurs, et parfois, là encore, de fort loin. Cette ouverture peu commune de la revue *Yggdrasill* permet de saisir certaines des difficultés, parfois mal identifiées, auxquelles confronte le changement d'échelle du national au mondial prôné aujourd'hui par certains chercheurs[3]. Parce qu'elle occasionne des prises de parole variées, parce qu'elle se déploie sur plusieurs années et plusieurs numéros, donc dans des contextes changeants, l'objet *revue* fait entendre une polyphonie particulièrement intéressante quand on se livre à ce type d'enquête. En envisageant tour à tour trois figures de la mondialité — le cosmopolitisme, l'impérialisme et l'universalisme —, on envisagera certaines de ces difficultés en gardant au-dessus de la tête une ombre inquiétante : en avril 1940, ce n'est pas une mondialité irénique qui interrompt la publication d'*Yggdrasill*, mais bien la guerre qui déchire les nations du continent européen et bientôt du monde ; les Allemands occupent Paris et interdisent la revue, tandis que Schwab, certes converti au catholicisme mais demeurant néanmoins de « race » juive aux yeux des nazis, trouve refuge à Belley dans l'Ain.

1. Voir Guillaume Bridet, « L'histoire de la littérature française après le *global turn* et la théorie postcoloniale : changement d'échelle ou multiplication des configurations ? », *in* Jérôme David et Anne-Frédérique Schläpfer (dir.), *Compar(a)ison*, n° 1, « Échelle critique. Le défi transnational des études littéraires », 2017, p. 177-194.
2. Jusqu'en 1937, le comité de rédaction compte Raymond Schwab et Guy Lavaud (1883-1958), mais aussi Noël Jeandet (né en 1894), pseudonyme d'André Bellivier, poète et mathématicien, et Guy Chastel (1883-1962), poète dont on sait peu de choses. Ces deux derniers s'éclipsent toutefois rapidement. Voir Guillaume Louet, « *Yggdrasill* "parti de la poésie" (1936-1940) », *La Revue des revues*, n° 46, Automne 2011, p. 21.
3. Voir en particulier Christie McDonald et Susan Rubin Suleiman, *French global : une nouvelle perspective sur l'histoire littéraire* [éd. origin. amér. 2010], Paris, Classiques Garnier [2014], « Classiques jaunes », 2015.

***

La première chose qui frappe quand on consulte les sommaires successifs de la revue *Yggdrasill*, c'est la variété culturelle dont ils témoignent. La poésie française est certes bien représentée, mais aussi la poésie européenne, et encore la poésie de larges pans du monde. La poésie de toute l'Europe, d'abord, et pas seulement celle de quelques pays proches ou frontaliers privilégiés du fait de leur histoire prestigieuse et des liens noués avec la France au fil de l'histoire. Là où la *NRF* et Gide privilégient depuis le début du siècle essentiellement les littérature anglaise, allemande et, dans une moindre mesure, la littérature russe, *Yggdrasill*, tout en faisant une place significative à la poésie de ces trois pays, révèle aussi des poésies beaucoup moins connues en France à l'époque. Et cela dans la direction des quatre points cardinaux. Vers l'Ouest : poésie écossaise et irlandaise ; vers le Sud : poésie italienne, espagnole, catalane, portugaise, grecque, chypriote ; vers l'Est : poésie suisse, autrichienne, tchèque, serbe, polonaise, hongroise, roumaine, ukrainienne ; vers le Nord, enfin : poésie belge, hollandaise, lettone, lituanienne, estonienne, finlandaise, suédoise, islandaise. Si l'on se tourne à présent vers le monde en suivant le même mouvement, on trouve représentées, dans *Yggdrasill*, les poésies canadienne, américaine, mexicaine, brésilienne, les poésies arabe, berbère, subsaharienne et malgache et encore les poésies palestinienne, iranienne, indienne, chinoise et javanaise.

Cette liste ébauchée dans les grandes lignes évoque bien sûr l'idée d'un authentique cosmopolitisme : la revue est française, mais elle accueille en son sein les poésies du monde, comme si elles formaient un seul et même vaste ensemble et se trouvaient les unes après les autres mises à l'honneur. Elle inspire toutefois une certaine circonspection quand on la considère dans le détail : la revue couvre de larges pans du monde poétique, mais elle ne couvre pas le monde entier et pas chaque territoire à parts égales. Pour le dire à grands traits et comme le suggère partiellement la bipartition présente dans le sous-titre d'*Yggdrasill*, la poésie française et les texte qui lui sont consacrés représentent la moitié du total de ce que publie la revue, l'autre moitié privilégiant quant à elle massivement l'Europe aux dépens du reste du monde. Ce simple constat manifeste toutes les contradictions à l'œuvre dans l'idée de poésie — aussi bien que de littérature — prétendument mondiale. Ce n'est pas parce qu'une revue, une maison d'édition ou même l'ensemble d'un champ littéraire national ou continental publie des littératures venues des quatre coins du globe qu'on est fondé à parler de la réalité d'une littérature mondiale. Ces contradictions suggèrent au moins trois interprétations.

Une revue cosmopolite

La première approche serait de considérer que la revue *Yggdrasill*, si elle n'est pas effectivement cosmopolite, l'est tout de même en puissance, non sans faire l'impasse toutefois sur la connotation élitiste attachée traditionnellement à cette qualité. Et sans aucun doute, cela dit bien quelque chose de l'ambition de la revue ou de la législation qu'elle établit et qui fait droit *a priori* aux poésies du monde entier et qui les dote d'une égale dignité. C'est ce que dit métaphoriquement, mais on ne peut plus clairement, son titre qui évoque l'arbre sacré de la mythologie scandinave, représenté le plus souvent sous l'aspect d'un frêne qui pousserait sur toute la surface du globe. Comme l'écrit Schwab dans un poème du premier numéro décrivant Yggdrasill :

> Tu grandis immobile à travers plusieurs mondes
> Et ta fleur ne dépend ni d'un temps ni d'un lieu[4].

Ce qu'*Yggdrasill* met ici en avant, c'est à la fois une horizontalité mais aussi un élitisme des ancrages poétiques : la fleur poétique est susceptible d'apparaître sous toutes les latitudes, dans toutes les cultures, mais elle est chose précieuse, fragile, qu'il convient d'identifier et de placer avec soin dans l'herbier des mots et des vers.

Dans l'histoire du regard porté par la France et plus largement par l'Europe sur le reste du monde, ce type de propos est caractéristique de la phase qu'on pourrait appeler « l'époque » du dénombrement des sommets — pour reprendre une image hugolienne (Hugo étant lui-même, entre autres avec son *William Shakespeare* de 1864, l'un des grands agents de cette opération symbolique). Cette phase a commencé dès le XVIIIe siècle, avec la curiosité que les Lumières ont manifesté pour certaines des cultures du monde, en particulier la Chine et l'Inde ; elle a connu au XIXe siècle une extension et une intensification majeures, entre autres avec ce que Schwab nomme lui-même bientôt la renaissance orientale[5] ; et un peu avant, mais surtout après la Seconde Guerre mondiale, c'est Étiemble — présent significativement au sommaire de la revue[6] — qui l'incarne exemplairement au sein de l'université française. Concomitamment à l'intensification des échanges sous l'effet de la modernisation des moyens de communication, de l'augmentation des volumes commerciaux et des mises en contact culturelles qu'occasionnent les empires coloniaux, l'Europe stabilise son accès au monde et se trouve en mesure de le cartographier dans toutes ses dimensions. Il s'agit d'identifier et de faire connaitre au centre européen toutes ses richesses, entre autres poétiques, et d'établir ainsi un corpus mondial des chefs-d'œuvre de l'humanité. La somme des numéros de la revue *Yggdrasill* se présente ainsi comme « une vaste anthologie[7] » poétique qui opère un travail de sélection à destination de ses lecteurs cultivés.

4. Raymond Schwab, « Un chant pour Yggdrasill », *Yggdrasill*, n° 1, 25 avril 1936, p. 3. [Dans la suite des notes, quand la revue dans laquelle paraît un article n'est pas précisée, c'est qu'il s'agit d'*Yggdrasill*.]
5. Voir Raymond Schwab, *La Renaissance orientale*, Paris, Payot, [1950] 2014.
6. Étiemble, « Rimbaud et la critique (1937-1938) », 3e année, n° 5-6, 25 août-25 septembre 1938, p. 86-88.
7. Guillaume Louet, « *Yggdrasill* "parti de la poésie" (1936-1940) », *La Revue des revues*, *op. cit.*, p. 30.

La meilleure preuve de cette pensée du dénombrement élitiste, c'est l'organisation même des numéros d'*Yggdrasill*. Dans ses sommaires successifs, la revue fait le choix d'un classement des différents dossiers par ensemble national ou linguistique. Chaque poète étranger se trouve du même coup et *de facto* identifié comme représentant exemplaire illustrant le génie d'une langue et/ou d'une nation plutôt que simplement comme poète distinct de tous les autres poètes. Effort pédagogique de la revue ? Certes. Volonté d'attirer le regard de l'acheteur ? Ce n'est pas impossible non plus. Il s'agit d'introduire des poètes souvent inconnus des non-spécialistes, donc de donner envie de les lire en les référant à une assignation culturelle pouvant susciter la curiosité du lecteur. La revue aurait toutefois pu avoir un tout autre type de présentation pour susciter un type d'intérêt différent, par exemple thématique ou générique. Mais, quand elle use de ce type de catégories, ce qui est rare, il est toujours complété par un adjectif marquant une forme d'appartenance : elle évoque ainsi « Une épopée serbe d'aujourd'hui », « La disparition des Poèmes épiques russes » ou encore « La Ballade nordique »[8]. *Yggdrasill* identifie les différentes entités remarquables qui composent le monde de la poésie, mais on voit bien que le monde comme unité politique, ou même simplement morale ou poétique, marchant, non pas d'un même pas, mais prise dans un rythme commun de questionnements, n'existe pas encore dans la revue.

Yggdrasill n'est pas la seule publication à contribuer à ce dénombrement poétique et littéraire. Ce dernier trouve dans d'autres revues des relais particulièrement actifs. À côté du *Mercure de France* et de ses comptes rendus ouverts à toute la diversité du monde dès la seconde moitié du XIXe siècle[9], on peut évoquer le rôle d'*Europe* sous l'autorité morale de Romain Rolland entre 1923 et 1939, des *Cahiers du Sud* de Jean Ballard entre 1925 et 1966, ou encore celui, plus modeste, de la bien nommée *Revue des Chefs-d'œuvre* animée de mars 1883 à mars 1885 par Élémir Bourges, grande admiration de Schwab — comme Anquetil-Dupperon et Antoine Galland, deux passeurs remarquables auxquels il consacre aussi un livre[10] —, et qui se donnait entre autres pour vocation de traduire des œuvres étrangères encore inconnues en France[11].

Ce dénombrement connaît toutefois de lourdes contraintes. À la contrainte spécifique que constitue le nombre limité des numéros de la revue *Yggdrasill* dont les livraisons sont elles-mêmes peu épaisses (un maximum de seize

8. Voir respectivement n° 7, 25 novembre 1936, n. p. ; n° 11, 25 mars 1937, et 2e année, n° 1, 25 avril 1937, respectivement p. 3-7 et p. 1-2 ; et 2e année, n° 3, 25 juin 1937, p. 46-48.
9. Un colloque en rendit compte à l'INALCO, « Lettres étrangères dans le *Mercure de France* », les 21 et 22 novembre 2014.
10. Voir Raymond Schwab, *Vie d'Anquetil-Duperron, Suivie des Usages civils et religieux des Parses, par Anquetil-Duperron*, Paris, Librairie Ernest Leroux, 1934 ; *L'Auteur des Mille et une nuits : vie d'Antoine Galland*, Paris, Mercure de France, 1964.
11. Voir Raymond Schwab, « Élémir Bourge », in Élémir Bourges, *Les Œuvres complètes, 1852-1925. Sous la hache*, Paris, impr. de F. Bernouard, 1929, p. LXXXII-LXXXIII.

pages) s'ajoute celle, plus générale, des compétences disponibles permettant l'accès aux textes, leur traduction et encore leur présentation. Concernant les textes poétiques écrits dans des langues rares, *Yggdrasill* s'appuie essentiellement sur les ressources de la recherche et de l'enseignement supérieur français de la seconde moitié des années 1930. Ainsi peut-on lire les noms de Henry Corbin, alors élève de Louis Massignon, pour la poésie en langue arabe, de Henri Massé, professeur à l'École des Langues orientales, pour la poésie traduite du persan, de Sylvain Lévi, professeur au Collège de France, et de Louis Renou, Directeur de l'Institut de Civilisation indienne, pour la poésie sanskrite, ou encore de Jacques Soustelle, du Musée de l'homme, pour la poésie aztèque[12]. Si toutes les poésies du monde ne sont pas tour à tour représentées au sommaire d'*Yggdrasill*, c'est du fait des circonstances : la revue demeure dépendante des réseaux que peuvent activer ses directeurs et des ressources savantes dont ils disposent. Cela n'empêche pas qu'incontestablement, on a affaire ici à un cosmopolitisme, sinon exactement de fait, au moins de plein droit et faisant figure d'horizon, dirigé aussi bien vers l'Europe il y a peu encore en guerre que vers les pays du monde dont certains sont soumis à la domination impériale.

De ce point de vue, il est particulièrement significatif qu'*Yggdrasill* laisse une place remarquable aux poètes allemands ou de langue allemande et qu'elle promeuve aussi la publication de poètes issus de territoires colonisés. D'un côté, outre la présence marquée des romantiques allemands et d'un poète comme Rilke ou encore, plus ponctuellement, de Hans Carossa et de Rudolf Georg Binding, on trouve plusieurs dossiers sur la poésie allemande[13]. De l'autre côté, étant donné sa popularité en France et sur le continent européen dans l'entre-deux-guerres, il n'est pas étonnant de retrouver Rabindranath Tagore au sommaire de la revue, mais cette dernière ne s'arrête pas là et elle ajoute des poèmes de Dorothy Bonarjee, née en 1894 et indienne elle aussi, ou du poète palestinien de langue hébraïque Bialik, mort en 1934, une évocation nécrologique du poète malgache de langue française Ribearivelo, et encore des poèmes du Javanais Noto Souroto né en 1888 ou du Brésilien Murilo Mendès né en 1902[14]. Comme l'écrit Edmond Jaloux dans un discours d'hommage à la revue en février 1938, « ailleurs, tout divise les hommes ; ici

12. Voir respectivement n° 8, 25 décembre 1936, p. 11-13 ; 3e année, n° 3, 25 juin 1938, p. 37-39 ; n° 3, juin 1936, p. 3-4 ; n° 11, 25 mars 1937, p. 7-9 ; 2e année, n° 10, 25 janvier 1938, p. 161-164 ; 3e année, n° 1, 25 avril 1938, p. 1-2 ; et 3e année, n° 4, 25 juillet 1938, p. 53-57 ; 3e année, n° 1, 25 avril 1938, p. 13-14.
13. Voir 2e année, n° 10, 25 janvier 1938, p. 168 ; 4e année, n° 34, 25 février 1939, p. 173-177 ; 4e année, n° 38, 25 juin 1939, p. 237-239.
14. Voir Rabindranath Tagore, « Cinq poèmes inédits », 3e année, n° 2, 25 mai 1938, p. 21-22 ; Cécile Périn, « Dorothy Bonarjee », 3e année, n° 5-6, 25 août-25 septembre 1938, p. 91-93 ; Thibault-Chambault, « La poésie palestinienne. Bialik (1873-1934) », 4e année, n° 35, 25 mars 1939, p. 192 ; « Un poème de Bialik : *Les morts du désert* », *ibid.*, p. 192-195 ; A. B., « J.-J. Ribearivelo », 2e année, n° 6, 25 septembre 1937, p. 91 ; Mme C. Tielrooy de Gruyter, « La Poésie hollandaise », n° 8, 25 décembre 1936, p. 13-16 ; Dominique Braga, « Poésie brésilienne : Murilo Mendés », 3e année, n° 3, 25 juin 1938, p. 48-49.

tout les réunit », ce qui n'a pas de prix « dans un monde chaotique et menaçant »[15]. Dans cette seconde moitié des années 1930, c'est la montée des périls et, en Europe comme dans les colonies, les peuples et les nations se déchirent ou se préparent à la guerre. On sait aujourd'hui que le cosmopolitisme poétique d'*Yggdrasill* n'empêcha ni la Seconde Guerre mondiale ni les guerres d'indépendance dans les colonies, mais l'idéalisme de ses animateurs et de ses contributeurs visait sans aucun doute à en faire l'outil d'une pacification qui aurait traduit par des relations diplomatiques apaisées la reconnaissance d'un haut degré d'achèvement culturel mondialement partagé.

Une revue impérialiste ?

À côté de ce cosmopolitisme de principe aux vertus censément pacificatrices, il convient toutefois de prêter attention aux déséquilibres précis qui affectent la planisphère poétique d'*Yggdrasill* et qui témoignent de manière significative, non seulement d'un certain état de la recherche, de l'enseignement et de l'édition, c'est-à-dire aussi des représentations que l'on se fait ou que l'on est en mesure de se faire du monde à l'époque, mais aussi d'une certaine conception de l'autorité symbolique marquée du sceau de l'impérialisme.

D'abord, et malgré les proclamations humanistes des animateurs de la revue, on ne peut totalement écarter l'hypothèse qu'on a affaire à une mondialisation poétique foncièrement inégalitaire. Sur le modèle dégagé par Pascale Casanova dans *La République mondiale des lettres* (Éditions du Seuil, 1999), c'est bien ici le centre français qui impose son agenda au reste du monde en sélectionnant et en appelant à une forme de reconnaissance les poètes et les poèmes qu'il estime dignes d'intérêt. Ce n'est pas seulement que la surreprésentation de la France comme de l'Europe, par rapport au reste du monde et particulièrement par rapport à l'Afrique, témoigne d'une forme d'ethnocentrisme, sans doute inconscient, mais immanent et intériorisé comme une évidence qui n'est pas mise en question. C'est aussi qu'*Yggdrasill*, c'est la poésie du monde vue par des Français depuis la France, et non depuis Calcutta par des Bengalis ou depuis l'Algérie par des « indigènes » des trois départements de la colonie. Ainsi, une seule fois, à l'occasion d'un dossier sur la « Poésie d'Afrique », la revue a recours à un correspondant non-occidental et lui délègue ainsi le pouvoir de consécration. Il s'agit de Taha Hussein, doyen de la Faculté des Lettres du Caire, qui présente un article consacré au poète persan de langue arabe du Xe siècle Mehyar, accompagné pour l'occasion de Gabriel Audisio, homme de lettres français alors fonctionnaire en Algérie, et qui présente une anthologie de chants berbères de Kabylie traduits par Jean

15. Edmond Jaloux, de l'Académie Française, « Discours pour *Yggdrasill* », 2e année, n° 11, 25 février 1938, p. 169.

Amrouche[16]. Cette exception, qui est en outre à relativiser[17], montre bien tout le chemin qui reste encore à parcourir dans le décentrement, non pas seulement des objets poétiques soumis à l'appréciation des lecteurs, mais des opérateurs susceptibles d'orchestrer cette opération de reconnaissance.

À cet impérialisme qui fait de l'autorité française (et européenne) le fondement du jugement poétique s'ajoute logiquement l'affirmation de la supériorité nationale qui la fonde. Dans un remarquable article inspiré de Hugo et consacré à la traduction, Raymond Schwab met en avant, aux dépens « des pertes » qu'implique tout passage d'une langue dans une autre, les « gains » que font aussi « la langue traductrice » et, plus encore, « le répertoire universel »[18]. Traduire la poésie, c'est enrichir sa langue de formes et de thèmes nouveaux en se confrontant à une expérience inédite du langage, et c'est donc renouveler sa poésie, partant enrichir aussi le trésor de la poésie du monde. Mais on note tout de même une certaine tension dans la revue qui, à côté de ce propos authentiquement cosmopolite, dévalorise certains espaces culturels et illustre la grandeur de la culture française, et de la France comme terre d'accueil privilégiée des poésies du monde. Dans le même article sur la traduction, Schwab explique que « la poésie en frontières fermées aboutit bientôt à un mécanisme de formules et de routines, cérémonial ou scholastique », et il donne en exemple « ce qu'on voit dans certaines littératures d'Extrême-Orient »[19]. S'il est difficile d'identifier les littératures précises auxquelles il fait allusion, ce genre de propos consonne en revanche clairement avec l'idée « orientaliste » mise en avant par Said dans *Orientalism* (Pantheon Books, 1978), ainsi qu'avec celles d'un partage du monde entre Orient et Occident, et d'une « décadence » orientale que l'Occident identifierait depuis sa position de suprématie. Dans telle notation isolée, la rédaction de la revue — collectif auquel Schwab, en tant que directeur, se trouve sans doute associé — se félicite *a contrario* que des correspondants à « l'étranger » aient souscrit un abonnement, et elle ajoute avec une pointe d'amertume : « On croit encore, ailleurs que chez nous, à la primauté intellectuelle de notre pays[20] ». Si l'on ne peut attendre

16. Voir Dr. Taha-Hussein, « La Poésie arabe : Mehyar », 4e année, n° 39, juillet-août 1939, p. 247-248 ; Gabriel Audisio, « Poésie berbère », *ibid.*, p. 248-251 ; « *Chants berbères de Kabylie*, traduits par Jean Amrouche », *ibid.*, p. 251-252.
17. Alors professeur de littérature arabe à la Faculté des Lettres du Caire, Taha Hussein (1889-1973) est très lié à la France, puisqu'il soutient une thèse de doctorat sur Ibn Khaldoun à la Sorbonne en 1919. C'est là également qu'il rencontre sa future épouse, Suzanne Bresseau (1895-1989), qui l'aide à apprendre le français. Voir Suzanne Taha Hussein, *Avec toi. De la France à l'Égypte : « Un extraordinaire amour », Suzanne et Taha Hussein, 1915-1973*, Paris, Les Éditions du Cerf, « L'Histoire à vif », 2011.
18. Raymond Schwab, « Profession de foi pour les traducteurs de Poésie », 2e année, n° 3, 25 juin 1937, p. 38. Le texte est précédé d'une « Page inédite de Victor Hugo » dont il amplifie le mouvement. Après la Seconde Guerre mondiale, Schwab lui-même traduit deux œuvres de Gertrude Stein, *Brewsie et Willie* (Paul Morihien, 1947) et *Trois Vies* (Gallimard, 1954).
19. *Ibid.*
20. *Yggdrasill*, « Où nous en sommes », n° 2, 25 mai 1936, n. p.

aucune systématisation de la revue, il apparaît tout de même clairement que la planète poétique se découpe en espaces sous-développés (fermés sur eux-mêmes) et en espaces avancés (entre autres parce qu'ils sont ouverts sur le monde) dont la France figure la pointe extrême.

L'expression de cette supériorité nationale est particulièrement ravivée dans les dernières livraisons d'*Yggdrasill*, à partir du moment où la France entre en guerre contre l'Allemagne. Nulle xénophobie antigermanique, mais la revue manifeste alors sa solidarité avec les soldats et singulièrement les poètes français partis sur le front. Plus encore et comme en témoigne son numéro de septembre-octobre 1939, les motifs de son engagement sont marqués par une profonde ambiguïté. Certes, *Yggdrasill* prend parti au nom de « l'humain », « contre la barbarie » et elle entend tenir sa place dans « cette lutte [...] d'où l'esprit doit sortir libéré des garrots que l'hitlérisme lui a déjà enfoncés en Autriche, en Tchécoslovaquie, en Pologne »[21]. Mais à cet engagement au nom de principes humanistes sans ancrage culturel particulier s'en ajoute un autre qui concerne plus spécialement la France et ce qu'elle représenterait pour le monde. La revue se présente ainsi comme

> le lieu où [...] viendra palpiter sur l'aile ensanglantée de la poésie, tout ce qui, dans les tranchées, résiste au crime, repousse le suicide massif de l'homme et, contre l'esclavage totalitaire, entend défendre celle dont Paul Valéry a dit que de tous les poètes c'est encore la France qui est le plus grand[22].

On voit bien ici comment la lutte contre le nazisme se fait à la fois, de manière très générale, au nom de la civilisation humaine, mais aussi au nom de la France qui apparaît, non pas seulement comme un territoire menacé parmi d'autres, mais aussi comme le territoire privilégié de la vie de l'esprit ou, devrait-on dire plus précisément, comme le dépositaire exemplaire de l'humanisme et de la poésie. En février 1940, Schwab loue ainsi encore ce qu'il nomme « l'entre-deux » français, moins « arbitraire » que l'Italie et surtout l'Allemagne que caractérise « un appel aux rudesses archaïques », mais aussi témoignant de « moins d'inexpérience » que les pays « tard venus » à la poésie :

> c'est parce que je crois que nous disposons encore de toutes les possibilités [poétiques], et peut-être nous seuls Français, mais peut-être aussi pour peu de temps désormais, que j'estimais salutaire de bien rassembler sous nos yeux tous les spécimens de la poésie actuellement vivante dans le monde[23].

Loin, certes, du *modèle identitaire ethnocentrique* incarné exemplairement par Maurice Barrès et que Schwab condamne explicitement dans son livre sur

21. *Yggdrasill*, « Nous continuons », 4e année, n° 40, septembre-octobre 1939, p. 261.
22. *Ibid.*
23. Raymond Schwab, « La poésie et les événements (II) », 5e année, n° 44, février 1940, p. 11.

Nancy[24] — ville natale de l'académicien français —, mais en tension avec le *modèle cosmopolite en devenir* dans lequel la différence serait prise en compte comme enrichissement et comme signe d'un avenir à construire ensemble dont un écrivain comme Romain Rolland donne l'exemple dans les années de l'entre-deux-guerres, on retrouve ainsi dans *Yggdrasill* le *modèle universaliste identitaire* omniprésent au sein de l'Université française de l'époque et dans lequel s'inscrit aussi un écrivain comme Gide, ainsi que la plus grande partie des écrivains de la *NRF*. La France reste ici la patrie de la légitimation mondiale de la poésie, l'on pourrait écrire de la poésie en régime globalisé ou impérial, en tant que ce mouvement opère depuis un centre privilégié qui sait identifier la qualité poétique éparse dans le monde et en tirer pour lui-même le meilleur profit. La guerre ne fait que raviver cette primauté qui rend d'autant plus urgent l'engagement en faveur de la France contre son ennemi d'outre-Rhin.

Une revue universelle (et hors de l'histoire)

Il faut enfin ajouter un élément important concernant l'agenda français en matière de poésie mondiale tel que le propose *Yggdrasill*. Cet agenda ne fait pas seulement la part belle au dénombrement dans la suite de l'évolution pluriséculaire de ce processus en France et en Europe, il procède à cette opération avec des critères spécifiques. Ce qu'ont en commun les poèmes que la revue donne à lire, c'est l'évocation de la condition humaine dans son universalité. C'est cette qualité qui fonde l'horizontalité poétique : le partage, par-delà les cultures, d'une expérience de la vie courant de la naissance à la mort et passant par tous ses aléas, les bonheurs et les souffrances qui constituent le lot commun. Telle est la raison pour laquelle *Yggdrasill* prête une attention particulière au fond populaire, ainsi qu'au fond mythique ou sacré de la poésie, qui sont le réceptacle par excellence des grandes questions de l'existence, comme l'occasion de la reprise très générale et pas toujours concertée de schèmes de pensée, de narrations ou d'images comparables. On trouve ainsi dans la revue des dossiers consacrés à la poésie populaire chinoise aussi bien que catalane, roumaine aussi bien que lettone, finlandaise aussi bien que portugaise, chypriote ou estonienne[25]. Et de la même manière, elle prête une attention particulière aux grands textes ancestraux de l'histoire de l'humanité, à la mythologie scandinave, comme l'indique son titre, mais aussi aux hymnes religieux des Aztèques, à la *Bhagavad-Gita* sanskrite ou encore aux *Hymnes manichéens* de l'ancienne Perse[26]. L'universalisme de la poésie se combine

24. Voir Raymond Schwab, *Nancy*, Paris, Éditions Émile-Paul Frères, « Portrait de la France », 1926, p. 84-91.
25. Voir respectivement 2e année, n° 2, 25 mai 1937, p. 23-25 ; 2e année, n° 8, 25 novembre 1937, p. 127-131, et 3e année, n° 2, 25 mai 1938, p. 31-34 ; 3e année, n° 3, 25 juin 1938, p. 49-50 ; 3e année, n° 4, 25 juillet 1938, p. 67-68 ; 3e année, n° 30, 25 octobre 1938, p. 97-98 ; 4e année, n° 36, 25 avril 1939, p. 208-209 ; 4e année, n° 39, juillet-août 1939, p. 259-260 ; 5e année, n° 46, avril 1940, p. 27-29.
26. Voir note 12.

ici, sans aucune contradiction, avec une pensée de l'ancrage culturel, dans la mesure où cette dernière fait fond sur le partage très général de la condition humaine. La revue est en ce point l'exacte contemporaine des premiers essais de mythologie comparée de Dumézil ou des premiers développements de la critique thématique avec Bachelard. Ce qui fonde philosophiquement le projet d'*Yggdrasill*, c'est, par-delà les frontières, les points communs de l'expérience que chaque homme fait de la vie et des manières qu'il peut y avoir d'en rendre compte et de la construire dans le langage.

On peut à présent revenir sur le sens de la mondialité ainsi suscitée par *Yggdrasill* : monde rassemblé des nations et des hommes pris dans ce qui serait une existence communément vécue ; mais pas un même horizon politique. Et c'est sans doute en ce point que la revue montre ses limites pragmatiques les plus criantes. Certes, il n'est pas impossible que la polarité nordique de la revue affichée dès le titre et manifestée aussi dans l'intérêt porté aux poésies du nord de l'Europe puisse être comprise, non seulement comme un retour au mythe ancestral, mais aussi comme la poursuite pour la poésie du mouvement d'ouverture au roman et au théâtre du Nord de la fin du XIXe siècle qui avait suscité de vives réactions xénophobes[27] ; peut-être même constitue-t-elle un contre-feu opposé à l'usage racialiste des mythes aryens et nordiques tel qu'il est mis en œuvre par le pouvoir nazi de l'autre côté du Rhin. Le partage universel et ancestral de la condition humaine viendrait ainsi s'opposer à la prétention de certains de s'arroger une supériorité culturelle, voire raciale. Mais sur le plan de la poésie, comment passer de cette humanité en partage à la lutte contre le nazisme ? *Yggdrasill* refuse de mêler poésie et politique. Refus de faire une poésie politique, d'abord : la revue se caractérise par un anticommunisme affiché, dénonçant tour à tour, d'un côté, la mise à mal des traditions poétiques ancestrales de la vieille Russie par le régime soviétique et, de l'autre, une poésie d'avant-garde incarnée par Maïakovski et qui ne serait que pur déchaînement de violence[28]. Refus surtout de faire une poésie qui serait elle-même une politique : la revue dénonce de manière récurrente et significative l'entreprise surréaliste comme une escroquerie immorale et morbide et un coup nihiliste porté au moral des jeunes générations[29].

Si l'hostilité à l'égard de l'URSS ne saurait étonner dans le contexte soviétique particulièrement tyrannique et criminel des années 1930, la revue, la plupart du temps modérée dans son ton, manifeste une colère étonnamment polémique contre le mouvement de Breton. S'il est en effet un mouvement

27. Voir Blaise Wilfert-Portal, « La place de la littérature étrangère dans le champ littéraire français autour de 1900 », *Histoire & mesure*, n° XXIII – 2, 2008, p. 69-101, à l'adresse http://histoiremesure.revues.org/3613.

28. Voir Wilfrid Chettéoui, « La disparition des Poèmes épiques russes », n° 11, 25 mars 1937, et 2e année, n° 1, 25 avril 1937, respectivement p. 3-7 et p. 1-2 ; Benjamin Goriely, « Boris Pasternak et la Poésie soviétique », 4e année, Tome IV, n° 37, 25 mai 1939, p. 223-224.

29. Voir Raymond Schwab, « En liquidant le surréalisme », 4e année, Tome III, n° 35, 25 mars 1939, p. 181-183 ; « Juste sévérité », 4e année, n° 41, novembre 1939, p. 269.

littéraire des années d'entre-deux-guerres qui s'intéressa aux mythes et à la culture populaire, qui se montra particulièrement ouvert aux cultures étrangères (en particulier extra-occidentales) et qui accueillit même en son sein de nombreux étrangers, c'est bien le surréalisme. Sans aucun doute, ce déraillement de l'humeur indique que l'on touche à quelque chose d'essentiel concernant le positionnement idéologique d'*Yggdrasill*. Que reste-t-il en effet en matière d'engagement, dès lors qu'on refuse de faire déborder le plan de la politique sur le plan de la poésie ou, symétriquement, qu'on s'oppose à faire déborder le plan de la poésie sur le plan de la vie intime et collective ? Juste l'affirmation abstraite d'une valeur supérieure de l'âme, ce que Schwab nomme en janvier 1940, non sans un certain anachronisme, une « union de l'esprit de poésie avec l'esprit de chevalerie et d'ascétisme[30] ». L'aviation et les chars allemands feront bientôt entendre une autre musique.

Ce qui frappe dans les choix poétiques d'*Yggdrasill*, c'est la bonne vue au loin, et la mauvaise vue locale — une sorte de presbytie de la réception : la revue identifie bien certains grands auteurs étrangers (Rilke, mais aussi Leopardi, Hofmannsthal, Pessoa, Lawrence, Pasternak ou encore le futur prix Nobel suédois Pär Lagerkvist), mais elle identifie fort partiellement les grands auteurs français du moment. Comme permettent entre autres de s'en rendre compte les articles fort nombreux consacrés aux poètes du XIXe siècle (de Lamartine à Hugo, de Baudelaire à Rimbaud et à Mallarmé)[31], elle est d'abord marquée par un certain passéisme romantique et symboliste qu'incarnent eux-mêmes les poètes Schwab et Lavaud[32] à l'époque. Plus largement, la revue se caractérise par un goût particulier de la continuité mais aussi du regard en arrière : vers les traditions, vers les mythes, on l'a dit, mais aussi par la célébration de ce qui fut, quand se multiplient dans une logique de commémoration les hommages à des poètes morts[33]. De manière comparable, ce qu'*Yggdrasill* retient de notable dans la littérature contemporaine est fortement marqué par le catholicisme : poèmes de Saint-Jean de la Croix, psaumes de Patrice de la Tour du Pin et poèmes de Noël d'origines variées[34], mais aussi textes de poètes déjà d'un

30. Raymond Schwab, « La poésie et les événements (I) », 5e année, n° 43, janvier 1940, p. 3.
31. Deux synthèses s'ajoutent à ces nombreux articles monographiques : Marcel Raymond, « L'Âme romantique et le Rêve », 2e année, n° 6, 25 septembre 1937, p. 89-91 ; et Raymond Schwab, « Le Cinquantenaire du Symbolisme », n° 2, 25 mai 1936, p. 1-3.
32. Voir Raffaele Scalamandre, « Guy Lavaud, un poète de l'univers dans le sillage du symbolisme », Paris, Nizet, 1984 ; Sophie Basch, « *Un autre orientalisme : situation de Raymond Schwab (1881-1956), entre Élémir Bourges et Edward Said* », *in* Michel Espagne et Perrine Simon-Nahum (dir.), *Passeurs d'Orient. Les Juifs dans l'orientalisme*, Paris, Éditions de l'éclat, 2013, surtout p. 97-99.
33. Voir « Monument de Paul Drouot » (1886-1915) », n° 10, 25 février 1937, p. 5-7 ; André Druelle, « Ode pour Eugène Montfort », 2e année, n° 2, 25 mai 1937, p. 25-26 ; Jean Lebrau, « Le souvenir de Marc Lafargue » ; 3e année, n° 32, 25 décembre 1938, p. 143-144 ; Marcel Martinet, « Certaines Voix se sont tues », 4e année, n° 41, novembre 1939, p. 275 ; André Druelle, « [Commémoration] Francis Vielé-Griffin, Francis Jammes, Eugène Monfort, Roger Frène », 4e année, n° 42, décembre 1939, p. 285-296.
34. Voir respectivement n° 1, avril 1936, 9-10, et n° 3, juin 1936, p. 4-6 ; n° 3, juin 1936, p. 9 ; n° 8, 25 décembre 1936, p. 6-7, et 2e année, n° 9, 25 décembre 1937, p. 137-140.

certain âge qui sont les héritiers du symbolisme au sein de la *NRF*, Valéry, mais aussi Jammes et surtout Claudel[35], qui incarnent tous deux dans la revue de la rue Sébastien-Bottin le pôle catholique le plus conservateur, ou encore un article de synthèse sur « La poésie catholique aujourd'hui » s'achevant sur une déclaration selon laquelle « des terres nouvelles seront explorées. Le flambeau sacré ne sera pas éteint[36] ».

Se précisent ainsi le positionnement intellectuel d'*Yggdrasill* dans la période de grand péril lors de laquelle paraît la revue, et l'usage qu'elle fait dans ce cadre des ressources de la poésie étrangère. C'est en effet contre ce qu'il appelle « la violence surréaliste » que Schwab en appelle à la mémoire d'un certain symbolisme — qui n'est pas le symbolisme anarchiste de Mallarmé mis en avant par certains historiens de la littérature mais le symbolisme élitiste de l'entre-soi poétique[37]. Contre ceux qui prétendent « réconcilier le livre et l'événement », c'est-à-dire la poésie et la politique, il rappelle ainsi la mémoire de ces « poètes [qui] n'admettaient pas la participation à la faute du monde[38] ». Et de la même manière, il semble que son intérêt pour la poésie étrangère ait pour but essentiel d'introduire un contre-feu qui relèguerait le surréalisme dans le passé. Comme l'écrit Schwab, c'est contre « le purisme » mais surtout contre « le goût de la "facilité" et de "poussière mentale" issu du surréalisme » qu'il faut « rapprendre les voyages[39] ».

Se faire l'introducteur d'une littérature étrangère (comme d'un savoir étranger), c'est toujours opérer un coup de force — un « viol[40] », écrit-il lui-même —, une manière de faire de la place pour se faire une place, mais aussi pour résoudre des questions intérieures au champ littéraire et intellectuel comme au pays d'importation. Se faire une place ? La reconnaissance de l'élite poétique du monde illustre aussi une élite qui célèbre ses éminentes qualités face à la médiocrité générale. Les directeurs le précisent ainsi explicitement dans le numéro 2 de la revue en présentant le projet de la façon suivante :

> une revue qui désire à l'heure :
> *Où le vomissement impur de la bêtise*
> Nous force à nous boucher le nez devant l'Azur,
> travailler au sauvetage de l'esprit[41].

35. *Yggdrasill* consacre même un numéro spécial à Claudel, « Réunion autour de Paul Claudel », n° 7, 25 novembre 1936.
36. Louis Chaigne, « La poésie catholique aujourd'hui », 3e année, n° 5-6, 25 août-25 septembre 1938, p. 76.
37. Pour une mise au point voir Thierry Roger, « Art et anarchie à l'époque symboliste : Mallarmé et son groupe littéraire », *Fabula / Les colloques*, De l'absolu littéraire à la relégation : le poète hors les murs, URL : http://www.fabula.org/colloques/document2443.php, page consultée le 11 mai 2018.
38. Raymond Schwab, « Le Cinquantenaire du Symbolisme », *op. cit.*, p. 3.
39. Raymond Schwab, « Profession de foi pour les traducteurs de Poésie », *op. cit.*, p. 38.
40. *Ibid.*, p. 39.
41. Les Archers, « Yggdrasill », n° 2, 25 mai 1936, n. p.

La filiation mallarméenne suscite une communauté élitiste pour laquelle la reconnaissance des merveilles poétiques de l'étranger est aussi un moyen de se distinguer du *vulgum pecus*. Cette supériorité n'est pas seulement une posture ; elle est aussi institutionnalisée d'un point de vue mondain par l'organisation de déjeuners des amis d'*Yggdrasill* dont rend compte la revue, où se pressent des sommités comme Edmond Jaloux, Paul Valéry et Abel Bonnard, tous trois de l'Académie française, mais aussi des universitaires prestigieux comme Émile Benveniste, professeur au Collège de France, et Jean Wahl, professeur à la Sorbonne, et où l'on parle poésie « sur un ton convenablement officiel[42] ». À cette première distinction interne au champ littéraire et intellectuel s'en ajoute une autre, cette fois dirigée plus largement vers la réalité sociale du temps. *Yggdrasill* valorise le peuple, mais le peuple des campagnes, réservoir des contes et légendes ancestrales, et certainement pas le prolétariat des villes ; la réalité, mais celle de toujours, de la lune et des étoiles, des peines et des jours, et pas celle des rivalités sociales qui divisent les peuples européens et les métropoles d'avec les indigènes colonisés. La revue prône l'élévation spirituelle, mais elle méprise jusqu'à la guerre toute forme d'engagement dans les luttes du temps : elle encense Nerval et les chansons du Valois, pas « Le temps des cerises »[43]. Ce que refuse ici d'affronter les contributeurs d'*Yggdrasill*, c'est l'antagonisme du travail et du capital tel qu'il se manifeste dans les années 1930 et qui trouve sa résolution dans la projection impériale, l'exacerbation nationaliste et l'économie de guerre. Mais bientôt, plus de choix : ayant d'abord récusé toute contribution à l'événement, fondé sur ce refus sa propre supériorité et fait de la poésie une entreprise spiritualiste en s'échappant par le haut et par l'ailleurs, la revue se renie et ne forme plus qu'une assemblée de poètes casqués contre la barbarie nazie.

* * *

Prise entre son aspiration cosmopolite à étendre au monde entier le territoire de la poésie, une prétention impérialiste à faire de Paris le législateur privilégié en la matière et l'affirmation d'un universalisme poétique détaché de la réalité historique, *Yggdrasill* voit son idéalisme se fracasser, en Europe aussi bien que dans les colonies, sur la guerre qui sépare sans rémission et qui est donc tout autre chose qu'un monde unifié par des questions communes à résoudre ensemble. Mais, quand on est poète (ou chercheur, ou universitaire), quelle autre position adopter que celle, à laquelle nous sommes comme naturellement poussés, presque par déformation professionnelle, qui prétend que « la poésie suffit à créer, contre la Barbarie, une chaîne de résistance[44] » ? À mon sens, et pour se limiter au rôle de la poésie, des savoirs

42. Voir Guillaume Louet, « *Yggdrasill* "parti de la poésie" (1936-1940) », *op. cit.*, p. 27.
43. Voir Abel Bonnard, « Le rôle de la Poésie », n° 5, août-septembre 1936, p. 1 ; Jean Grenier, « À propos de la Poésie », n° 9, 25 janvier 1937, p. 9-10 ; Jean Tortel, « Poésie et Poésie populaire », *ibid.*, 11-13 ; André Suarès, « Poétique et Poésie », n° 10, 25 février 1937, p. 2-4.
44. « De la Belgique à la Finlande par la France », 5e année, n° 45, mars 1940, p. 1.

la concernant comme de son enseignement, la solution se trouve dans une démocratisation intégrale, qui favoriserait l'ouverture complète des corpus, mais aussi la diversification des autorités symboliques aussi bien que l'accès de tous au plus large savoir. Il me semble que, de ce point de vue, *Yggdrasill* nous tend un miroir. Qu'en est-il de l'élitisme des objets que nous élisons pour leurs qualités, de l'appui que nous trouvons en eux pour la fabrique de notre propre position sociale et des valeurs spirituelles dont nous nous réclamons ? Universitaires de ce début de XXIe siècle, ne sommes-nous pas nous aussi de belles âmes cosmopolites méfiantes devant tout élargissement du partage politique et social et confrontées à la tentation d'une sortie par le haut et par l'ailleurs, alors que, de nouveau, le capital pressure le travail et que s'enraye dans nos sociétés le mouvement de démocratisation amorcé depuis la fin de la Seconde Guerre mondiale ? J'imagine parfois qu'un jour nous aurons à prendre le chemin de Belley ; j'imagine d'autres fois que, sans nous en rendre compte, nous sommes déjà dans l'Ain, habitants dispersés de quelque Thélème, tandis que l'humanité poursuit une destruction du vivant dont on peut penser qu'elle menace sa propre pérennité. La réussite comme l'échec d'*Yggdrasill* nous invitent à penser ce que nous avons à créer : une communauté de résistance et de lutte où la poésie ne serait pas un outil de supériorité symbolique nationale ou individuelle et pas seulement l'occasion d'une élévation spirituelle, mais l'opérateur d'un élargissement de la vie individuelle et collective hors barrière, qui passerait les frontières comme les classes et les genres — incessamment et dans tous les sens.

Guillaume BRIDET
Université de Bourgogne-Franche-Comté/CPTC

Raymond Schwab et la pensée occidentale de l'engagement : vers un renouveau transculturel de l'histoire littéraire

Si Raymond Schwab est reconnu par Edward Said, de manière plus ou moins explicite, comme un précurseur[1], l'intellectuel palestino-étatsunien a toutefois souligné qu'une véritable « dimension politique[2] » faisait selon lui défaut à *La Renaissance orientale*. Les réserves de Said semblent compréhensibles à la première lecture de cette somme érudite publiée en 1950, où la faible prise en compte de certains sujets semble une constante : ceux qui concernent *la* politique, soit la pratique et les luttes du pouvoir (*politike*), mais aussi ceux qui concernent de manière plus générale *le* politique, soit la vie dans la cité (*politikos*). C'est dans ces deux sens, l'un restreint et l'autre plus étendu, que nous comprendrons ici le terme de « politique ».

Nous nous proposons d'interroger cette réticence apparente à aborder frontalement des questions politiques dans *La Renaissance orientale*. À ce titre, nous envisagerons pour commencer la mise en sourdine de *la* politique au profit *du* politique comme une posture (Meizoz) émergeant de plusieurs ouvrages de Schwab. Nous suggérerons ensuite d'interpréter ce choix comme la formulation d'un *autre* engagement que celui qui domine alors la sphère européenne et nord-américaine ; pour ce faire, nous convoquerons le contexte idéologique dans lequel s'inscrit *La Renaissance orientale*, et en particulier la figure et les réflexions sartriennes. Enfin, nous considérerons l'engagement transculturel qui émerge de l'œuvre de Schwab à la lumière de certaines des approches connectées de l'histoire littéraire se multipliant depuis la seconde moitié du XXe siècle, afin d'inviter à la (re)lecture d'un auteur plus actuel qu'il ne semble de prime abord.

1. Voir Sarga Moussa, « Edward W. Said lecteur de Raymond Schwab », *Sociétés & Représentations*, n° 37, automne 2014, p. 69-78.
2. « Ce qui manque au récit de Schwab est la dimension politique, bien plus triste et moins édifiante que la culturelle », Edward W. Said, *Culture et impérialisme* [*Culture and Imperialism*, New York, Knopf, 1993], trad. Paul Chemla, Paris, Fayard, 2000, p. 281.

La mise en sourdine de la politique

L'essai le plus célèbre de Schwab se caractérise par ce que l'on pourrait considérer comme un « pas de côté » par rapport à *la* politique. L'une des manifestations les plus frappantes de ce phénomène dans *La Renaissance orientale* est le rôle quasiment nul qu'y joue l'indépendance indienne. Schwab y fait une brève allusion (« sans Gandhi, y aurait-il une indépendance indienne[3] ? ») et mentionne en tout trois fois le nom de Gandhi dans *La Renaissance orientale* (RO, p. 24, 41, 609). Cela n'est pas rien — il ne s'agit donc pas d'une omission — mais cela est très peu. Si l'intérêt limité de Schwab pour cet événement historique pour le moins essentiel pourrait s'expliquer par l'interruption de son corpus d'étude à l'orée de la Première Guerre mondiale, la faible prise en compte de problématiques politiques au sens restreint du terme concerne de fait l'ensemble des périodes examinées dans *La Renaissance orientale*.

Dans ce contexte, les passages de *La Renaissance orientale* consacrés au romantisme allemand, et en particulier à Friedrich Schlegel, sont révélateurs — Friedrich Schlegel que Schwab qualifie de « véritable inventeur de la Renaissance orientale » (RO, p. 109). D'une part, ces passages comportent des réflexions sur l'importance qu'a joué l'orientalisme dans la constitution de la nation allemande. Commençant par souligner que dans son *Essai sur la langue et la philosophie des Indiens* (*Über die Sprache und Weisheit der Indier*, 1808), « Schlegel a cristallisé le besoin germanique d'Orient » (RO, p. 111), Schwab déclare, quelques pages plus loin :

> La liaison entre un gothique allemand à ressusciter et un très vieil héritage oriental à revendiquer paraît moins occasionnelle que profonde. [...] En un même moment, Frédéric Schlegel fait de l'Inde le berceau de toute pureté primitive, religieuse surtout, et ranime une parenté entre l'Asie et l'Allemagne. Dans cette première décade du siècle où le patriotisme se mue en pangermanisme, il écrit que l'Europe doit tout aux invasions barbares, ainsi que l'a découvert Herder, ainsi que le répétera Hegel ; il en déduit que les Francs de France ne sont plus qu'un peuple de « francs coquins » ; il en conclut, dans l'esprit des *Discours* de Fichte, que les caractères latins sont indignes d'imprimer des traductions hindoues. Est-ce par hasard s'il retombe sur les *Nibelungen*, qui vont être la grande arme dans la campagne pour une épopée néo-germanique, s'il veut les éditer, les adapter, s'il fait des plans pour une *Encyclopédie médiévale* ? (RO, p. 114-115)

Le lien entre le romantisme allemand, l'orientalisme et le nationalisme est ici on ne peut plus clair. Mais Schwab se focalise ensuite surtout sur les intérêts philosophiques et les « espérances mystiques » (RO, p. 90) que nourrissent Schlegel et ses compagnons de route dans le cadre de la Renaissance

3. Raymond Schwab, *La Renaissance orientale*, Paris, Payot & Rivages, [1950] 2014, p. 41. — Afin d'alléger l'appareil de notes, les références à cet ouvrage seront désormais indiquées entre parenthèses dans le texte, suite à l'abréviation « RO ».

orientale qui s'esquisse. Après avoir noté que « [l']Inde doit à Schlegel d'avoir crié qu'elle est, avec la Grèce et l'Allemagne, le peuple le plus philosophique » (RO, p. 233), Schwab aboutit, une centaine de pages plus loin, à une réflexion qui semble quelque peu « hors sol » en 1948, année où il soutient en Sorbonne[4] la thèse à l'origine de *La Renaissance orientale* : « C'est la chance de l'Inde en Europe, que d'y être venue coïncider avec la naissance des romantismes, elle qui ressemble à une moitié romantique de l'esprit humain » (RO, p. 313). En mettant de côté la question du nationalisme, allant de pair avec celle de l'impérialisme, Schwab renonce à une contextualisation complète de « la naissance des romantismes » — et *a fortiori* à leur articulation, même implicite, avec l'actualité du 15 août 1947, date de l'indépendance de l'Inde et de la création du Pakistan. Il est dès lors peu étonnant que dans la synthèse proposée à la fin de l'essai, l'on ne trouve plus aucune mention des nationalismes européens :

> L'attrait le plus gros des doctrines orientales, historiquement, on croit le discerner : à l'issue du XVIIIe siècle, et de la bataille entre foi et rationalisme, les faveurs allaient à la position boiteuse du déisme ; tout à coup, ce qu'apportent brahmanisme puis bouddhisme, c'est une solution insoupçonnée : quelque chose, semble-t-il, comme une religion de salut qui exclurait l'espérance ; on esquive âme immortelle et dieu créateur, on retrouve les arguments de l'idéalisme philosophique sans perdre le climat de la spiritualité. (RO, p. 630)

On semble en l'occurrence bien loin de toute critique socio-politique. Il faut néanmoins se garder de considérer *La Renaissance orientale* comme l'œuvre d'un érudit se complaisant à s'exprimer depuis sa tour d'ivoire — le politique n'étant pas totalement évincé de l'œuvre, ce dont témoigne notamment la mention précédente du « patriotisme se mu[ant] en pangermanisme » (RO, p. 115). De fait, Schwab propose quelques observations d'ordre politique mais ne les place pas au centre de sa démonstration.

Faut-il pour autant considérer que *La Renaissance orientale* vise au dépassement de toute approche politique ? Un passage situé au début de l'œuvre, extrait de la section « Le mot et l'idée d'Orient », semble nous y encourager d'emblée :

> [L]a conséquence des orientalismes va être de miner la cloison élevée entre deux cultures ; ils consomment leur propre raison d'être, en faisant de la proscrite une connaissance. D'ailleurs, la cloison s'était déplacée au gré des intérêts et des controverses de l'Occident, que celles-ci fussent intellectuelles, spirituelles ou politiques : *le concept d'Orient a été de plus en plus attiré par la polémique, poussé vers la droite ou la gauche, le haut ou le bas de la carte, selon l'humeur et l'enjeu de ceux qui le maniaient* [Nous soulignons]. (RO, chap. « Définitions » — « Le mot et l'idée d'Orient », p. 15)

4. Voir Sarga Moussa, « Edward W. Said lecteur de Raymond Schwab », art. cit., p. 69.

N'est-ce pas justement une telle instrumentalisation, ici associée à la pratique du pouvoir dans ses dimensions géopolitiques, que veut éviter Schwab ? Cela dit, l'ensemble du passage indique qu'il ne s'agit pas pour lui d'omettre la politique, mais plutôt, comme dans l'ensemble de *La Renaissance orientale*, de l'effleurer pour ensuite s'en éloigner, dans une sorte de « connivence tremblante » — pour reprendre une formule employée par Marie-Jeanne Durry au sujet du premier roman de Schwab[5]. À l'évidence, ce geste même est politique — à condition de ne plus se référer au sens restreint de la notion.

Un tel déplacement de *la* politique à *un* politique conçu de manière bien plus large concerne d'autres œuvres de Schwab, et pourrait ainsi relever d'une posture au sens où l'entend Jérôme Meizoz : à la différence de l'*ethos*, qui désigne « l'image de l'inscripteur donnée dans un texte singulier et pouvant se limiter à celui-ci », Meizoz définit en effet la posture comme « l'image de l'écrivain formée au cours d'une série d'œuvres signées de son nom[6] ». Examinons à cet effet deux courtes œuvres poétiques de Schwab — tout en pointant d'entrée de jeu le dialogue qu'elles nous semblent entretenir avec d'autres entreprises littéraires et/ou éditoriales de ce dernier (telles que la revue *Yggdrasill*[7]).

La première œuvre poétique révélatrice, *Vision d'un âge d'acier*, a été publiée à Paris en 1920. En un seul long poème subdivisé en différentes sections, Schwab y dépeint une « vision » qu'aurait eue Samuel[8], le dernier des Juges d'Israël. Cette vision pourrait figurer la période de la Première Guerre mondiale, en particulier au moment où sont évoqués le déclenchement puis la fin du conflit dont il est question dans le poème. Le début de la crise est présenté ainsi :

> Je vis : c'était l'été, mais soudain éclata
> La foudre, et sous l'éclair le monde s'écarta.
> À l'horizon se fit une pâle barrière :
> Un pays d'en avant d'un pays en arrière
> Fut séparé, pareil aux époux divorcés.

5. « Cela commence, en 1910, par *Regarde de tous tes yeux*, un recueil d'imaginations qui plongent dans la réalité quotidienne et s'évadent dans la féerie. Un peu de langueur, un peu de préciosité parfois, une mélodie frêle et insinuante. Une voix essaye de se libérer en faveur de la beauté de l'univers : beauté d'un reflet de lumière, d'un tranchant de lame, des étoffes, des musiques, des larges flasques d'eau vivantes que sont les regards [...]. Un son très particulier : nulle part l'ardeur exaltante des *Nourritures terrestres*, bien qu'elles soient invoquées dans une épigraphe ; plutôt une connivence tremblante, celle du *Livre de Monelle* », Marie-Jeanne Durry, *Raymond Schwab*, Paris, Le Divan, 1932, p. 7.
6. Jérôme Meizoz, « Ce que l'on fait dire au silence : posture, *ethos*, image d'auteur », *Argumentation et Analyse du Discours* [en ligne], mars 2009, URL : <http://aad.revues.org/667>, consulté le 3 février 2020.
7. Nous renvoyons ici même à l'article de Guillaume Bridet, « *Yggdrasill* (1936-1940) : une revue entre cosmopolitisme, impérialisme et universalisme poétiques ».
8. Raymond Schwab, *Vision d'un âge d'acier*, Paris, Éditions Georges Crès, 1920, p. 11.

Un sceau de nuit, qu'aucun vivant ne put forcer,
Rendit secret ce qui venait après la plaine
Sous l'obscure blancheur ; et la terre fut pleine
D'appels et de soupirs et de gémissements.
Alors on commença d'entendre un froissement
D'armes, un bruit de pas, un tumulte de bouches ;
Cavaliers et piétons, nombreux comme les mouches,
Coururent vers l'oiseau de dévastation.
[...]
Toutes les nations changèrent de fardeaux.
L'humanité n'eut plus qu'un souci, tous les dos
Durcirent pour porter des charges plus pesantes.

La force et la douleur furent omniprésentes.
De l'Est vint un vent rude, un souffle intelligent.

Ce fut comme la fin d'un âge bucolique
Et le commencement d'un âge métallique.

Le laboureur devint archer, piquier, lancier.
Ce fut sur l'univers le règne de l'acier[9].

La paix revenue,

Alors se donna cours un esprit éhonté.

Les mares sur les champs n'étaient pas encor sèches
Que des rôdeurs, parmi les tas d'or et de flèches,
Certains faisant même le geste d'encenser,
Se jetaient sur les morts, prompts à les détrousser.

Aussi les chars, dans la surprise des retours,
Firent partout lever des bandes de vautours.

Le règne des marchands advenait sur la terre.

Ce fut un temps de vol, de haine et d'adultère,
Les cynismes s'étaient trop longtemps contenus,
Le moment des souilleurs de morts était venu,
Et celui-là devait durer bien plus que l'autre[10].

Ces passages emblématiques peuvent se lire comme la représentation indirecte d'une histoire immédiate conflictuelle — qui se manifeste par une veine épique, nourrie d'allusions au mythe des âges de l'humanité d'un Hésiode dans *Les Travaux et les Jours* (VIIIᵉ s. av. J.-C.). Cette représentation dépasse ici largement le seul contexte français, selon une dynamique que Schwab a lui-même décrite en 1955, dans sa contribution à l'*Histoire des littératures* de Raymond Queneau : « C'est vrai, après tout, que nos esthétiques, nos codes, nos

9. *Ibid.*, p. 12-13.
10. *Ibid.*, p. 27.

effusions, sont calibrés sur une cité et ensuite étendus au reste de l'univers[11]. » Dans les deux cas, la vie de la cité s'étend à l'univers entier, au-delà même de « l'humanité » ou du « monde[12] ».

L'amplitude cosmique et transhistorique de la représentation de la violence guerrière et du cynisme dépeints dans *Vision d'un âge d'acier* n'est cependant pas le seul enjeu politique de l'œuvre, qui mentionne par ailleurs des « sages » décrits comme « résignés, non pas indifférents », qui s'attachent à bâtir « [e]n l'ère de la mort, de l'orgie et des fraudes, / Une Jérusalem de perle et d'émeraude » ; « [l]aissant venir vers eux les cris des multitudes, / Ils les filtraient pour en tirer des chants sereins[13] ». Cette vision utopique, dont l'élitisme peut certes laisser songeur, rejoint l'un des deux grands pôles rhétorico-poétiques de l'engagement littéraire et intellectuel : la force de proposition. Si la dénonciation, autre pôle essentiel de l'engagement, est souvent plus valorisée au sein de la critique européenne traitant des liens entre littérature et politique[14] — qui a tendance à taxer toute attitude idéaliste d'irénisme voire de « bien-pensance[15] » —, elle n'en est pas plus politique pour autant. Par son appel métaphorique à ériger au milieu du désastre une nouvelle cité apaisée, *Vision d'un âge d'acier* exprime bien une forme d'engagement littéraire, que l'on peut associer à un dépassement de *la* politique ainsi que d'une écriture exclusivement polémique[16].

Une même dynamique conjuguant l'écriture épique d'un désastre récent à la formulation d'un engagement « propositionnel » se retrouve dans un deuxième recueil poétique de Schwab au titre évocateur, *Mauvaise époque*, paru en 1952. Le poème « Voix pour siècles maudits », qui fait allusion de manière assez transparente à l'ascendance juive de Schwab, reconduit le souffle mythique qui caractérisait la représentation d'une cité dévastée dans le précédent recueil de 1920 :

11. Raymond Schwab, « Domaine oriental », Raymond Queneau (dir.), *Histoire des littératures*, t. 1 — Littératures anciennes, orientales et orales, Paris, Gallimard, 1955, p. 103-219, ici p. 118.
12. Raymond Schwab, *Vision d'un âge d'acier*, *op. cit.*, p. 11.
13. *Ibid.*, p. 33-34.
14. Nous nous permettons de renvoyer à notre ouvrage : Chloé Chaudet, *Écritures de l'engagement par temps de mondialisation*, Paris, Classiques Garnier, « Poétiques comparatistes », 2016, p. 72-76 ; voir également « De la mince frontière entre best-seller humanitariste et roman (vraiment) engagé : l'exemple de *Desert Flower* (1998) de Waris Dirie », *Comparatismes en Sorbonne* [en ligne], n° 7 — « Fiction littéraire contre Storytelling ? Valeurs, pouvoirs, formes du récit aujourd'hui », 2016, URL : http://www.crlc.paris-sorbonne.fr/FR/Page_revue_num.php?P1=7, page consultée le 03/02/2020.
15. Chloé Chaudet, « Penser les (re)configurations de l'engagement littéraire », *Acta fabula* [en ligne], n° 17, Essais critiques, janvier 2016, URL : http://www.fabula.org/revue/document9611.php, page consultée le 3 février 2020.
16. Voir Chloé Chaudet, *Écritures de l'engagement par temps de mondialisation*, *op. cit.*, partie « Stratégies du dépassement », p. 149-204.

Si je descends de pourchassés et de maudites,
Je dois savoir des chants pour les siècles maudits,
De ceux qu'au bord du fleuve un peuple assis médite
Exultant de fiels bus, tremblant de ciels prédits ;

Si j'ai derrière moi des marches millénaires,
Des désastres de temple et des larmes de rois,

De nocturnes trésors d'angoisse héréditaire,
Tant de fois mortes sous des bâillons tant de voix ;

Que par ma plainte soient plaints de toute leur plainte
Tous ceux qui sont nés seuls, nés murés, nés proscrits,
Que dans les corps traqués et les âmes épreintes
Je décourbe le sort par le jet de mon cri
[...][17].

Renvoyant à un *topos* de la poésie engagée, ce « cri » mis au service des exclus devient un chant apaisé à la fin de « La deuxième naissance », le dernier poème du recueil, rappelant alors les « chants sereins » des sages de *Vision d'un âge d'acier* :

Et, des troupeaux comptés au peuple indéfini,
De chaque ville emplie à l'île encor déserte,
Un corps sans nombre avec ce petit nombre uni,
Et la vie est un quai sur une mer ouverte,
Une foule amie aide à démarrer quelqu'un,
L'espérance déjà n'a plus le nom d'attente
Et déjà les deux bords opposés ne font qu'un

— Des vivants et des morts la Plénitude chante[18].

On retrouve ici la même joie à conquérir[19], le même élan utopique que celui qui caractérise *Vision d'un âge d'acier*, mais aussi la fin de *La Renaissance orientale*. Or, à chaque fois, cette dynamique propositionnelle dépasse toute focalisation restreinte sur la vie de la cité, nous invitant à considérer Schwab comme le représentant d'un engagement bien spécifique — un engagement *trans*culturel, qui consiste à mettre son écriture au service d'une approche littéraire et/ou intellectuelle *dépassant* le contexte français, voire européen.

17. Raymond Schwab, « Voix pour siècles maudits », *Mauvaise époque*, Paris, Seghers, 1952, p. 14-15, ici p. 14. Le mot « épreintes » est le participe passé du verbe « épreindre », qui signifie, au sens figuré, « tourmenter ».
18. Raymond Schwab, « La deuxième naissance », *ibid.*, p. 31-32, ici p. 32.
19. Nous faisons ici allusion au titre d'un roman de Raymond Schwab, *La Conquête de la joie* (Paris, Grasset, « Les cahiers verts », 1922).

De Sartre à Schwab et *vice-versa* : du refus d'un modèle restreint de l'engagement

Si elle correspond à la date de soutenance de la thèse à l'origine de l'essai de Schwab, l'année 1948 est également fondamentale pour la pensée occidentale de l'engagement. 1948 coïncide avec la parution de *Qu'est-ce que la littérature ?* de Jean-Paul Sartre, qui cristallise une conception de l'engagement compréhensible seulement par sa *situation* au sein d'une histoire et d'une tradition occidentales. Quelques explications à ce sujet vont nous permettre de justifier le singulier que nous avons choisi d'employer dans le titre de cette contribution, où nous nous référons à « la » pensée occidentale de l'engagement.

Il est tout d'abord essentiel de souligner que la conception sartrienne de l'engagement est loin d'être issue des seules réflexions de Sartre. Elle est au contraire à concevoir comme une véritable synthèse, qui conjugue deux ensembles d'éléments. D'une part, la conception sartrienne de l'engagement peut être considérée comme une synthèse de la définition de l'intellectuel occidental qui s'esquisse dans le contexte de l'affaire Dreyfus[20], définition qui sera ensuite associée à l'idée de « quelqu'un qui se mêle de ce qui ne le regarde pas[21] », selon la formule sartrienne. D'autre part, la « littérature engagée » telle que définie par Sartre peut être considérée comme une synthèse des débats européens et états-uniens sur l'engagement qui ont animé la première moitié du XXe siècle, et en particulier l'intervalle de l'entre-deux-guerres. À l'échelle occidentale, cette période « correspond à une période d'intense confrontation entre le littéraire et le politique et constitue de ce fait une manière de laboratoire[22] ». L'élaboration par Charles Maurras du concept de « nationalisme intégral », qu'il est tentant d'opposer à « l'humanisme intégral » auquel en appelle Schwab au début de *La Renaissance orientale* (RO, p. 20), s'inscrit dans cette période de confrontation des penseurs et écrivains au politique[23].

De fait, Sartre n'a rien inventé véritablement, puisque la « littérature engagée » est d'abord associée au postulat que l'écrivain doit intervenir, par ses œuvres, dans les débats de son temps. On le constate dès la célèbre « Présentation » du premier numéro des *Temps modernes*, paru le 1er octobre

20. Si en France, l'adjectif « intellectuel » est attesté depuis le Moyen Âge, le substantif ne s'est imposé que suite à la parution dans le journal *L'Aurore*, le 14 janvier 1898, du « Manifeste des intellectuels », notamment signé par Émile Zola, Anatole France, Marcel Proust, Léon Blum, Gustave Lanson, Gabriel Monod. Le substantif « intellectuel » est alors adopté par ceux qui, dans leurs écrits anti-dreyfusards (Maurice Barrès entre autres), dénoncent la prise de parole des écrivains signataires en faveur de Dreyfus, sur un terrain — les affaires militaires et l'espionnage — qui leur était étranger.
21. Jean-Paul Sartre, *Plaidoyer pour les intellectuels*, Paris, Gallimard, 1972, p. 12.
22. Benoît Denis, *Littérature et engagement (de Pascal à Sartre)*, Paris, Éditions du Seuil, 2000, chap. XII, p. 228.
23. Voir également Hélène Baty-Delalande, « De l'"engagement" chez les écrivains avant Sartre : essai de généalogie lexicale », *Les Temps Modernes*, n° 635-636, 2006, p. 207-248.

1945, où Sartre retrace les contours du modèle occidental de l'intellectuel qui ont commencé à se dessiner à la fin du XIXe siècle en Europe[24]. Mais c'est surtout dans *Qu'est-ce que la littérature ?* (1948[25]) que Sartre propose une définition de sa « littérature engagée », présentée de manière diffuse dans l'essai. Il en émerge cinq grandes caractéristiques :

> (1) La littérature engagée est une littérature dans laquelle l'écrivain même est « embarqué », selon un terme employé par Pascal, auquel Sartre fait allusion[26] ;
> (2) La position de l'écrivain engagé est « *critique* par excellence[27] » ;
> (3) L'écrivain engagé se caractérise par son « sens passionné du présent[28] ». En d'autres termes, son écriture peut être conçue comme une « écriture de l'urgence », générée par une situation extrême ;
> (4) L'écrivain engagé poursuit un but précis : la lutte pour une démocratie — une démocratie socialiste[29] ;
> (5) L'œuvre écrite est considérée comme une « condition essentielle de l'action[30] », devant avoir un effet sur le lecteur et posséder des prolongements.

Pour Sartre, la « littérature engagée » se définit par ces cinq caractéristiques principales. Pourtant, la postérité, qu'elle soit immédiate ou plus tardive, retiendra surtout *l'une* de ces grandes caractéristiques : l'orientation socialiste, qu'elle associera à un marxisme intransigeant.

Une analyse des réceptions immédiates de Sartre révèle ainsi que le terme d'« engagement » a circulé dès 1945 au sein du vocabulaire philosophique, politique et littéraire européen et états-unien ; et elle permet de constater que c'est surtout le rapport sartrien au marxisme qui a posé

24. « L'écrivain est en situation dans son époque : chaque parole a des retentissements. Chaque silence aussi. Je tiens Flaubert et Goncourt pour responsables de la répression qui suivit la Commune parce qu'ils n'ont pas écrit une ligne pour l'empêcher. Ce n'était pas leur affaire, dira-t-on. Mais le procès de Calas, était-ce l'affaire de Voltaire ? La condamnation de Dreyfus, était-ce l'affaire de Zola ? L'administration du Congo, était-ce l'affaire de Gide ? Chacun de ces auteurs, en une circonstance particulière de sa vie, a mesuré sa responsabilité d'écrivain. L'occupation nous a appris la nôtre. Puisque nous agissons sur notre temps par notre existence même, nous décidons que cette action sera volontaire », Jean-Paul Sartre, « Présentation », *Les Temps modernes*, n° 1, octobre 1945, reprise sous le titre « Présentation des *Temps modernes* », *Situations II*, Paris, Gallimard, [1948] 1964, p. 9-30, ici p. 13-14.
25. Voir Jean-Paul Sartre, *Qu'est-ce que la littérature ?*, Paris, Gallimard, « Folio essais », [1948] 2010.
26. *Ibid.*, p. 84. — Voir aussi la remarque suivante : « l'écrivain doit s'engager tout entier dans ses ouvrages [...] comme une volonté résolue et un choix, comme cette totale entreprise de vivre que nous sommes chacun », *ibid.*, p. 40.) On peut rapprocher ce passage de la célèbre formule de Simone de Beauvoir considérant que l'engagement « n'est autre chose que la présence totale de l'écrivain à l'écriture ». (Simone de Beauvoir, *La Force des choses*, Paris, Gallimard, 1963, p. 65.)
27. Sartre, *Qu'est-ce que la littérature*, *op. cit.*, p. 115.
28. *Ibid.*, p. 116.
29. *Ibid.*, p. 238-239 et p. 287.
30. *Ibid.*, p. 263.

problème dans l'intégration de la notion d'engagement au lexique des aires linguistiques concernées. L'année où Schwab soutient sa thèse, le laboratoire occidental de l'engagement du premier XXe siècle est ainsi en train de céder la place à une conception restreinte de l'engagement, qui l'associe — *à la différence de la pensée sartrienne* — à une composante politique au sens le plus étroit du terme.

Face à cette pensée en voie de figement — et que nous avons mise pour cette raison au singulier dans le titre de cet article —, l'« humanisme intégral » prôné par Schwab ne pourrait-il pas être interprété comme une alternative ? On peut en effet considérer que l'érudition que Schwab déploie dans *La Renaissance orientale* est mise au service d'un *autre type* d'engagement que celui qui domine alors la sphère occidentale : un engagement transculturel dont l'ambition est de montrer que l'Occident « n'[est] pas seul titulaire d'un admirable passé intellectuel » (RO, p. 13) et, plus généralement, que l'Occident n'épuise pas la définition de l'humanisme. À ce titre, il est significatif qu'à la fin de *La Renaissance orientale*, Raymond Schwab cite l'historien René Grousset, qui travaillait sur l'Asie dans son ensemble et pas uniquement sur l'Inde : « [...] la révélation de la pensée indienne et de la pensée chinoise a équivalu pour nous à la découverte d'humanités différentes, habitant d'autres planètes » (RO, p. 631). Au-delà de l'ouverture au contexte indien, il s'agit en effet d'encourager l'Occident à un changement de perspective général, à l'instar de celui qu'a provoqué la Renaissance européenne :

> Que la Renaissance orientale n'ait pas été un rêve gratuit ni un trait passager, on voudra sans doute n'en plus douter. Mais, dira-t-on, quels en restent les effets ? qu'ont-ils de comparable à ceux de l'autre Renaissance ? Le fait évident est celui-ci : un immense déplacement mental. (RO, « Conclusion. Ce qui reste » — « Un âge du relatif », p. 635)

Les conséquences de ce changement de perspective provoqué par chaque Renaissance sont abordées dans un passage traversé par le même élan utopique que celui qui caractérisait la fin de *Vision d'un âge d'acier* et *Mauvaise époque* : « Renaissance, cela veut dire une alliance de savoirs retrouvés avec des créations inédites ; jamais ce ne fut si manifestement *une multiplication des points de comparaison* » (RO, p. 638-639). Cette observation pourrait également s'appliquer à une autre Renaissance que Schwab ne mentionne pas dans son essai, mais qui s'inscrit dans le même changement de perspective qu'il revendique : la Renaissance arabe, la *Nahda*[31]. Par l'envergure de ses réflexions et des échos qu'elles suscitent, Schwab reconfigure ainsi le concept

31. Le terme *Nahda* (généralement traduit par « essor », « éveil », ou encore « renaissance ») désigne un mouvement intellectuel et culturel se manifestant notamment par une effervescence éditoriale, qui s'est développé à partir du début du XIXe siècle au Maghreb et au Machrek. Pour une synthèse sur la notion, nous renvoyons à Anne-Laure Dupont, « Nahda, la renaissance arabe », *Manière de voir*, n° 106, 2009, p. 28-30 ; voir également Leyla Dakhli, « Nahda », *Archive ouverte HAL* [en ligne], URL : https://halshs.archives-ouvertes.fr/halshs-00747086/document, page consultée le 3 février 2020.

dix-neuviémiste d'intellectuel, en lui conférant par son propre exemple une portée plus cosmopolite que polémique.

À la fin de *La Renaissance orientale*, cette reconfiguration se traduit en particulier par les questions et adresses que Schwab formule à destination de ses lecteurs européens. Citant le philosophe et historien Émile Bréhier, il s'interroge : « l'Inde se présente comme cherchant moins la connaissance que "l'efficience", comme engageant dans "la recherche philosophique l'individu tout entier" : n'est-ce pas désormais le rationnel Occident qui sera amené à se justifier ? » (RO, p. 639) Les dernières lignes de *La Renaissance orientale* nous semblent également révélatrices :

> Ce chapitre est terminé où les civilisations étaient l'œuvre des petits pays [...]. Terminé, celui où la clientèle de l'esprit, elle-même insulaire parmi une marée d'illettrés, réclamait une littérature de petite ville et des arts de régime. Fini, un calme de siècles, avec les pauvretés et les richesses des calmes. Déjà Goethe percevait un battement de siècles en systole suivis par un siècle en diastole — maintenant, il me semble, je comprends, chères au romantisme, les images de dilatation thoracique sous des ciels orientalisés : ainsi devait être désigné ce que nous appelons des civilisations ouvertes, *avec l'accent que peuvent y mettre ceux sur qui elles se referment* [Nous soulignons]. (RO, p. 650)

Ce dernier passage pourrait se lire comme l'appel à une ouverture cosmopolite, figurée par le biais d'une métaphore thoracique permettant de convoquer au passage le nom de Goethe et l'attrait pour l'étranger qui va de pair. L'image des « ciels orientalisés » encourageant la « dilatation » de l'être serait à associer à l'idée d'une expérience de l'ailleurs absolument vitale — image qui, dans le contexte de la Guerre froide qui débute alors, semble d'autant plus percutante.

Or, en prônant un dépassement par la pensée et par l'être du contexte européen, Schwab rejoint dans une certaine mesure la pensée anticoloniale de Sartre — elle aussi pour le moins transculturelle, malgré et/ou à cause des schématisations qu'elle peut receler[32]. La contribution de Sartre au dis-

32. Nous pensons en particulier à l'application que fait Sartre de certaines notions et certains discours marxistes à la lutte anticoloniale, comme dans le passage suivant : « Le nègre, comme le travailleur blanc, est victime de la structure capitaliste de notre société ; cette situation lui dévoile son étroite solidarité, par-delà les nuances de peau, avec certaines classes d'Européens opprimés comme lui ; elle l'incite à projeter une société sans privilège où la pigmentation de la peau sera tenue pour un simple accident », Jean-Paul Sartre, « Orphée noir », dans Léopold Sédar Senghor, *Anthologie de la nouvelle poésie nègre et malgache*, Paris, Presses universitaires de France, [1948] 2002, p. ix-xliv, ici p. xiii.) Le caractère discutable et/ou incomplet de cette articulation (qui se manifeste ici dans la trop grande rapidité avec laquelle Sartre traite la problématique de l'imaginaire raciologique, mais qui concerne ailleurs son absence de prise en compte des discours genrés associés aux figures des colonisés) va de pair avec une évidente volonté de concevoir la lutte pour l'émancipation dans une perspective transculturelle.

cours anticolonial s'est notamment manifestée par les rapports prolongés qu'il a entretenus avec des écrivains tels que Frantz Fanon, Albert Memmi ou Léopold Sédar Senghor. Avant celle des *Damnés de la terre* en 1961[33], Sartre avait ainsi fait paraître en 1957 une préface à l'essai *Portrait du colonisé, précédé du portrait du colonisateur*[34] ; on pensera également au célèbre « Orphée noir » ouvrant l'*Anthologie de la nouvelle poésie nègre et malgache* de Senghor en 1948[35]. Dès la période de l'après-guerre, Sartre a développé une réflexion anti-impérialiste qui connaîtra une postérité évidente dans le cadre des études postcoloniales[36] ; mais cette réflexion a été très peu été prise en compte au moment où s'est cristallisé et répandu le modèle restreint de l'engagement occidental[37]. De ce point de vue, on pourrait peut-être considérer que Schwab, qui ne fait aucune référence directe à Sartre dans l'ensemble des sources que nous avons pu consulter, dialogue finalement bien mieux avec lui que nombre des « récepteurs » directs de la pensée sartrienne en France, tels que Louis Aragon ou Roger Garaudy, pour ne citer qu'eux[38].

Ce dialogue implicite, dont nous faisons l'hypothèse *a posteriori*, n'est pas seulement lié au développement d'un (contre-)modèle caricatural de l'engagement dépassant la seule figure de Sartre. Il s'inscrit également dans les dynamiques transculturelles qui traversent déjà la période de l'après-guerre au-delà de certaines crispations idéologiques, comme le soulignent l'adoption de la *Déclaration universelle des droits de l'homme* (en 1948 également) et la création de l'ONU et de l'UNESCO (en 1945). En outre, il peut être considéré comme l'amorce de développements ultérieurs importants dans le cadre des méthodes et recherches comparatistes, dont nous proposerons à présent un bref aperçu.

Prémisses et prémices d'une histoire littéraire connectée

« L'arrivée des orientalismes dans l'Europe romantique [...] aura posé à l'esprit occidental [...] sa grande question, et [...] engagé l'esprit humain dans

33. Voir Jean-Paul-Sartre, « Préface », Frantz Fanon, *Les Damnés de la terre*, Paris, La Découverte, « La Découverte/Poche », [1961] 2004, p. 17-36.
34. Voir Jean-Paul-Sartre, « Préface », Albert Memmi, *Portrait du colonisé précédé de Portrait du colonisateur*, Paris, Gallimard, [1957] 1985, p. 23-29.
35. Voir Jean-Paul-Sartre, « Orphée noir », dans Léopold Sédar Senghor, *Anthologie de la nouvelle poésie nègre et malgache*, *op. cit.*
36. Voir notamment Donald R. Wehrs, « Sartre's Legacy in Postcolonial Theory; or, Who's Afraid of Non-Western Historiography and Cultural Studies? », *New Literary History*, vol. 34, n° 4 — Multicultural Essays, automne 2003, p. 761-789 ; Kathleen Gyssels, « Sartre postcolonial ? Relire *Orphée noir* plus d'un demi-siècle après », *Cahiers d'études africaines*, n° 179-180, 2005, p. 631-650.
37. Nous nous permettons de renvoyer une nouvelle fois à notre ouvrage *Écritures de l'engagement par temps de mondialisation*, *op. cit.*, p. 57-61.
38. Paradoxalement, Sartre fut à la fois critiqué par des penseurs et écrivains marxistes et par d'autres personnalités en raison même de ses affinités avec le marxisme. Pour un panorama sur la question, voir notamment Emmanuel Barot (dir.), « Introduction », *Sartre et le Marxisme*, Paris, La Dispute, 2011, p. 13.

ce qui est peut-être sa plus grande aventure » (RO, p. 379), affirmait Raymond Schwab dans *La Renaissance orientale*. S'il faudra sans doute encore attendre quelques siècles pour juger de la prééminence dans l'histoire de l'humanité de la « grande aventure » orientaliste, la démarche que développe Schwab dans son œuvre phare annonce en tout cas certaines orientations transculturelles de l'histoire littéraire qui se développent dans la seconde moitié du XXe siècle. En l'occurrence, le terme *trans*culturel est à associer à la *traversée* de différentes aires culturelles.

À ce titre, on peut d'abord considérer que *La Renaissance orientale* entre en dialogue avec le vaste ensemble des approches internationales de l'histoire littéraire. Si l'espace de cet article ne suffirait pas à toutes les mentionner, on citera tout de même le projet éditorial de Raymond Queneau dans son *Histoire des littératures*, dont les trois tomes sont parus entre 1955 et 1958[39]. Dans une certaine mesure, le projet de Queneau, encore plus vaste que celui de Schwab, annonce l'intérêt à venir de certains écrivains et universitaires français pour l'internationalisation croissante du paysage éditorial au tournant du XXIe siècle — à l'image de Jean-Marc Moura, qui, après avoir consacré ses travaux à l'histoire de l'exotisme littéraire européen[40], s'est ensuite tourné « de l'autre côté » du discours exotique, en étudiant les écrivain.e.s francophones au prisme des études postcoloniales. Dans son essai fondateur, *Littératures francophones et théorie postcoloniale* (1999[41]), Moura résume ainsi la dynamique de mondialisation des écritures qui nourrira après Queneau nombre d'approches internationales de l'histoire littéraire :

> Dans le contexte québécois, Sherry Simon a pu constater l'émergence d'une nouvelle « esthétique du plurilinguisme » depuis 1980. Dans la plupart des littératures francophones, des perspectives jusqu'alors négligées ont été abordées grâce à l'apparition de nouveaux auteurs : les écrivains véritablement autochtones, premiers occupants d'une terre ensuite colonisée, et les écrivains féminins. Les « premières nations » sont entrées en littérature depuis deux ou trois lustres, non plus seulement comme personnages mais comme auteurs. Les Aborigènes australiens et les Maoris néo-zélandais, les Indiens canadiens ont ouvert un nouveau chapitre des lettres anglophones. Pour la francophonie, la littérature amérindienne a connu un développement récent au Québec. Quant à l'écriture féminine postcoloniale, le français étant utilisé comme « langue de sortie du harem » selon l'expression d'Assia Djebar, elle s'est imposée ou renouvelée tant en Afrique qu'aux Antilles ou au Maghreb,

39. Nous reproduisons ici la référence complète de la première édition : Raymond Queneau (dir.), *Histoire des littératures*, t. 1 — Littératures anciennes, orientales et orales ; t. 2 — Littératures occidentales ; t. 3 — Littératures françaises, connexes et marginales, Paris, Gallimard, 1955, 1956 et 1958. — Comme signalé précédemment, Raymond Schwab a lui-même contribué au 1er tome.
40. Voir notamment Jean-Marc Moura, *La Littérature des lointains. Histoire de l'exotisme européen au XXe siècle*, Paris, Honoré Champion, 1998, et *L'Europe littéraire et l'ailleurs*, Paris, Presses universitaires de France, « Littératures européennes », 1998.
41. Jean-Marc Moura, *Littératures francophones et théorie postcoloniale*, Paris, Presses universitaires de France, [1999] 2019 (4e éd.).

> les auteurs définissant à nouveau frais la condition postcoloniale. Par ailleurs, on commence à parler de « World Fiction » dans le domaine anglophone avant qu'un peu plus tard, Édouard Glissant n'évoque le « Tout-monde[42] ».

L'intérêt de Schwab pour l'Inde peut ainsi annoncer le développement de l'intérêt des critiques et universitaires français pour les contextes extra-européens. Si cette observation semble sans doute évidente, elle est loin de s'appliquer à la plupart des contemporains de Schwab.

Plus précisément, il faut noter la volonté de Schwab d'approcher *au sein d'un même volume* les contextes européen et extra-européen. En ce sens, il forme bien une « lignée intellectuelle » avec Queneau puis Moura. Certes, l'Europe et l'Inde n'ont pas la même place dans l'essai de Schwab, en raison de sa focalisation sur les discours orientalistes. Il n'empêche qu'il accorde un intérêt remarquable à des figures que l'on pourrait définir comme des « opérateurs de transculturalité » : nous pensons ici aux « personnages secondaires, passeurs anonymes, traducteurs, compilateurs, universitaires » (RO, 4e de couv.) qui occupent une place essentielle dans son ouvrage. Se mouvant sans cesse entre Orient et Occident, ces individus parcourant *La Renaissance orientale* empêchent de considérer l'œuvre de Schwab comme une étude désincarnée, et permettent surtout d'*articuler* deux grandes aires géographiques et culturelles. De ce point de vue, on pourrait les considérer comme une annonce des figures *transaréales* étudiées par le romaniste, comparatiste et historien de la littérature allemand Ottmar Ette, en particulier dans son ouvrage de synthèse *TransArea* (2012[43]).

Dans cet essai de théorie et d'histoire littéraire, Ottmar Ette associe les études *transaréales*, champ de recherches dont il est le fondateur, à la traversée et à l'articulation de *plusieurs* aires culturelles à l'échelle mondiale[44]. Sa démarche consiste entre autres à mettre en lumière les parcours géographiques, intellectuels et littéraires de différentes figures s'exprimant « entre-les-mondes », pour faire allusion à l'intitulé d'un autre de ses essais[45]. À titre d'exemple, la première partie de *TransArea* aborde le parcours du diplomate et explorateur Hassan al-Wazzan, alias Léon L'Africain, entre Grenade, où il naît à la fin du XVe siècle, l'Afrique qu'il explore ensuite, puis l'Italie, où il rédige sa célèbre *Descrittione dell'Africa* entre 1524 et 1526, après avoir été déporté puis

42. *Ibid.*, p. 178-179.
43. Ottmar Ette, *TransArea. Eine literarische Globalisierungsgeschichte*, Berlin/Boston, Walter de Gruyter, « mimesis », 2012 ; trad. française Chloé Chaudet, préface de Jean-Marc Moura, *TransArea Une histoire littéraire de la mondialisation*, Paris, Classiques Garnier, « Bibliothèques francophones », 2019.
44. Ottmar Ette, *TransArea. Une histoire littéraire de la mondialisation*, *ibid.*, p. 62-63.
45. Ottmar Ette, *ZwischenWeltenSchreiben. Literaturen ohne festen Wohnsitz*, Berlin, Kadmos, 2005 ; trad. anglaise Vera M. Kutzinsky, *Writing-between-Worlds. TransArea Studies and the Literatures-without-a-fixed-Abode*, Berlin/Boston, Walter de Gruyter, « mimesis », 2016.

placé sous la protection personnelle du Pape Léon X[46]. Dans le cadre des trois autres phases de « mondialisation accélérée » sur lesquelles son ouvrage se focalise[47], Ette s'intéresse également aux figures et parcours d'Antoine-Joseph Pernety (1716-1796), compagnon de voyage de Bougainville, de Lafcadio Hearn (1850-1904), écrivain irlandais né en Grèce et qui demandera la nationalité japonaise, ou encore de l'écrivaine et poétesse japano-allemande Yoko Tawada (1960-) — pour ne citer que trois exemples d'auteurs représentatifs de la « poétique du mouvement[48] » qu'il s'agit de faire émerger. À l'instar des travaux relevant de l'histoire connectée, qui s'est développée dans les années 1990[49], l'ouvrage d'Ette vise à articuler par le biais de ces figures l'étude de différentes aires géographiques et culturelles ; mais *TransArea* a cependant pour spécificité d'intégrer systématiquement le contexte européen.

Mutatis mutandis, il nous semble que Raymond Schwab suit une visée semblable, en convoquant lui aussi, tout d'abord, des figures de voyageurs et explorateurs européens. Abraham Hyacinthe Anquetil-Duperron (1731-1805), considéré comme l'un des premiers indianistes de terrain[50], occupe ainsi une place essentielle dans *La Renaissance orientale*, où Schwab souligne notamment qu'il a « renoncé à l'opposition des cultures » (RO, p. 226). Par ses activités de traducteur, Anquetil-Duperron incarne également une deuxième figure transaréale importante dans l'essai de Schwab : celle du passeur de cultures, qui peut parfois se passer d'une connaissance de terrain — tel Friedrich Schlegel (1772-1829), qui apprend le sanscrit et « traite en égale la philosophie hindoue » (RO, p. 231) sans pour autant se rendre en Inde[51]. À son tour, Schlegel renvoie simultanément à un troisième type de figure transaréale présent dans *La Renaissance orientale* : celle de l'intellectuel et écrivain mettant sa fascination de l'Inde au service d'une refonte de la vie culturelle de son aire (occidentale) d'origine. De ce point de vue, la théorie romantique façonnée par Schlegel fait écho au transcendantalisme nord-américain porté par l'essayiste et poète Ralph Waldo Emerson (1803-1882), qui se nourrit d'une fascination pour l'hindouisme et, plus généralement, pour les religions orientales. Dans son cas, la dynamique transculturelle se mue en une visée égalitariste qui

46. Ottmar Ette, *TransArea. Une histoire littéraire de la mondialisation*, *op. cit.*, p. 135-143.
47. Voir *ibid.*, p. 31-51.
48. Voir *ibid.*, p. 53-59.
49. Nous renvoyons en particulier à l'ouvrage de synthèse de l'un des fondateurs de l'histoire connectée (*connected history*) : Sanjay Subrahmayam, *Explorations in Connected History. From the Tagus to the Ganges*, Oxford, Oxford University Press, 2005 ; voir également, pour le contexte francophone, Serge Gruzinski, *Les Quatre Parties du monde. Histoire d'une mondialisation*, Paris, La Martinière, 2004 ; Romain Bertrand, *L'Histoire à parts égales. Récits d'une rencontre Orient-Occident (XVIe-XVIIe siècles)*, Paris, Éditions du Seuil, 2011.
50. Voir notamment Jean-Luc Kieffer, *Anquetil-Duperron. L'Inde en France au XVIIIe siècle*, Paris, Les Belles Lettres, 1983.
51. Nous renvoyons ici aux reproches qu'adresse Said à Schlegel, notamment dans Edward W. Said, *L'Orientalisme. L'Orient créé par l'Occident* [*Orientalism*, Londres, Routledge & Kegan Paul, 1978], trad. Catherine Malamoud, Paris, Éditions du Seuil, « Essais », [1980] 2005, p. 57.

semble lui conférer une portée presque mondiale : « Qui aura mieux déduit le sens final de la nouvelle Renaissance, celle de l'égalité absolue entre les races et entres les époques ? » (RO, p. 547), note ainsi Schwab au sujet d'Emerson. Dans *La Renaissance orientale*, ces diverses figures transaréales ont toutefois un point commun peu transculturel : elles sont toutes convoquées en français, indépendamment de leur langue d'expression. Ce choix pose un problème évident pour tout comparatiste, en dépit de l'affirmation de Schwab, déjà partiellement citée plus haut, qu'il formule au moment où il revient sur le titre et les visées de son essai :

> Renaissance, cela veut dire une alliance de savoirs retrouvés avec des créations inédites ; jamais ce ne fut si manifestement *une multiplication des points de comparaison*. L'ancien espoir religieux d'une communauté planétaire revient sous le diminutif des comparatismes. (RO, p. 638-639)

Comment rendre compte de ces « points de comparaison » en ne se fondant pas sur la langue de l'Autre ? En l'occurrence, c'est plutôt d'un « comparatisme diminué » qu'il s'agirait dans *La Renaissance orientale*. On peut néanmoins considérer que les figures transaréales que nous présente Schwab constituent une amorce vivante et incarnée de l'approche mondialisée et connectée de l'histoire littéraire qui caractérise l'ouvrage d'Ottmar Ette.

En somme, on ne peut taire ni l'absence d'engagement politique militant, ni l'absence de recours aux langues étrangères, même européennes, dans *La Renaissance orientale*. Mais si l'on envisage cet essai dans une perspective synchronique et diachronique plus large, la pensée de Schwab ne peut pas non plus être associée à celle d'un littérateur bien français n'envisageant le monde qu'au prisme de travaux réalisés par d'autres. En articulant l'étude de *La Renaissance orientale* à celle de son contexte idéologique de parution, mais aussi à l'horizon de certaines approches occidentales *et* extra-occidentales de l'histoire littéraire qui se développeront par la suite, on constate ainsi l'actualité d'un auteur dont l'engagement transculturel gagnerait à être réévalué.

Chloé CHAUDET
Université Clermont Auvergne, CELIS

Fictions « d'innombrable » : la Renaissance romantique chez Raymond Schwab (1950) et Tristan Garcia (2019)

> *Avant lui* [Anquetil-Duperron (1731-1805), célèbre indianiste français, traducteur des *Upanishads* et du *Zend-Avesta*], *seuls ont la parole sur les temps anciens les écrivains latins, grecs, juifs, arabes ; la Bible est un aérolithe ; l'univers de l'écriture tient dans la main ; il y lance un soupçon d'innombrable*[1].

> *L'art n'est pas affaire de quantité, mais les questions de dimension posent celles des hiérarchies : il y a des degrés où n'ont point accès les haleines courtes et les cœurs sans risques*[2].

Quoique souvent décrié, taxé d'idéalismes et de candeurs ridicules[3], le romantisme a tout du phénix : comme l'oiseau renaissant de ses cendres, il « vient tous les cent ans, nouveau, / Se poser sur la terre et sur un nom qu'il aime[4] ». Poète et romancier avant d'accéder tardivement à l'onction académique du doctorat, Raymond Schwab pourrait être rattaché à une remontée oubliée de la bouture romantique : comme le rappelle Sophie Basch[5], il appartient, aux

1. Raymond Schwab, *La Renaissance orientale*, Paris, Payot, 2014, [première édition : 1950], p. 39.
2. *Ibid.*, p. 485. Pour simplifier la lecture, les références à cet ouvrage seront désormais reportées dans le corps du texte, précédées de la mention *LRO*.
3. Voir par exemple Victoire Feuillebois et José-Luis Diaz (dir.), *Lectures critiques du romantisme au XXe siècle*, Paris, Classiques Garnier, 2018.
4. Lamartine, « Le Génie dans l'Obscurité », *in Harmonies poétiques et religieuses*, Bruxelles, H. Tarlier, 1830.
5. Voir Sophie Basch, « Un autre orientalisme : situation de Raymond Schwab (1881-1956), entre Élémir Bourges et Edward Said », in Michel Espagne (dir.), *Passeurs d'Orient. Les Juifs dans l'orientalisme*, Éditions de l'Éclat, 2013, p. 85-106, ici p. 97.

côtés de Jean de Boschère, de Marcel Brion, de Franz Hellens et de Francis de Miomandre, à un « courant néo-romantique des années 1920 ». Partant de la lecture de *La Renaissance orientale*, j'aimerais dans les pages qui suivent énoncer l'hypothèse heuristique d'une nouvelle reverdie romantique dont la dernière décennie littéraire serait le giron. Bien que d'autres exemples puissent être convoqués à profit[6], je me concentrerai ici sur le cas de Tristan Garcia et plus spécialement sur le dernier de ses romans, *Âmes, Histoire de la souffrance I*[7], imposant premier tome (718 pages) d'un projet titanesque[8] annoncé comme une trilogie dédiée à l'histoire pluriséculaire des êtres oubliés et des corps endoloris.

Prétendre tenir un discours académique sur la littérature qui nous est la plus directement contemporaine relève toujours d'un défi, si ce n'est d'un pari mettant dangereusement à l'épreuve la clairvoyance du critique. Vouloir discerner dans le foisonnement des productions romanesques du moment une certaine tendance, pire encore, briguer le privilège de la nommer en la rattachant à l'un des jalons les mieux commentés de l'histoire littéraire frise l'outrecuidance : nul n'ignore aujourd'hui que l'âge des manifestes et des écoles littéraires est révolu. En guise de contre-exemple, on mentionnera le cas désormais bien connu du manifeste « Pour une littérature-monde en français », paru en mars 2007 dans les pages du journal *Le Monde* : quoique le texte en question, signé par quarante-quatre auteurs jouissant d'une renommée plus ou moins établie, ait bénéficié d'un écho médiatique certain et ait rapidement abouti à la parution d'un recueil de textes publiés chez Gallimard, plusieurs critiques ont à juste titre souligné les limites d'une démarche fédératrice qui ne se fondait sur aucun postulat esthétique partagé[9]. Pourquoi s'ingénier dans ces conditions à qualifier ou plutôt à ressusciter un courant littéraire révolu ? À quoi bon offrir au romantisme languissant le baiser de la Belle au Bois dormant ?

6. Je pense par exemple à *Boussole* de Mathias Énard, roman couronné par le prix Goncourt en 2015. On se souviendra peut-être que l'héroïne du récit, Sarah, s'emporte lorsqu'on lui reproche, à l'occasion de sa soutenance de thèse, le ton par trop « romantique » de son préambule. Voir Mathias Énard, *Boussole*, Arles, Actes Sud, 2015, p. 11.
7. Tristan Garcia, *Âmes. Histoire de la souffrance I*, Paris, Gallimard, 2019. Pour simplifier la lecture, les références à cet ouvrage seront désormais reportées dans le corps du texte, précédées de la mention *Âmes*.
8. J'emprunte ce terme caractéristique, on le verra, de la « dilatation » romantique aux analyses que Raymond Schwab consacre à Lamartine et à Hugo : « [...] ce que Lamartine appelait indifféremment indien ou « babylonien » n'est certes pas moins présent devant les yeux du Hugo définitif : il a beau se réclamer de sa formation latine, d'ailleurs constante, les mythes mêmes de Rome et d'Athènes, il ne pourra plus les voir qu'à travers un titanisme, inconcevable avant l'indianisme, l'assyriologie et P. de Saint-Victor » (*LRO*, p. 370).
9. Voir par exemple Véronique Porra, « Malaise dans la littérature-monde (en français) : de la reprise des discours aux paradoxes de l'énonciation », *Recherches & Travaux*, n° 76, 2010, p. 109-129 et Anthony Mangeon, « "Qu'arrive-t-il aux écrivains francophones ?" Alain Mabanckou, Abdourahman Waberi et le manifeste pour une littérature-monde en français », *in* Jean Bessière, Joanny Moulin, Micéala Symington (dir.), *Actualité, inactualité de la notion de « postcolonial »*, Paris, Champion, 2013, p. 476-500.

L'ouvrage de Raymond Schwab apporte une réponse à cette question : si le romantisme peut légitimement conserver droit de cité et même s'imposer à l'époque contemporaine, c'est précisément parce qu'il se fait l'hôte d'une renaissance seconde, qu'on peut définir succinctement comme un double mouvement d'ouverture et de « dilatation ». Il suffit pour s'en convaincre de se reporter aux dernières lignes de *Le Renaissance orientale* :

> Ce chapitre est terminé où les civilisations étaient l'œuvre des petits pays ; David et Salamine ne sont plus les arbitres. Terminé, celui où la clientèle de l'esprit, elle-même insulaire parmi une marée d'illettrés, réclamait une littérature de petite ville et des arts de régime. Fini, un calme de siècles, avec les pauvretés et les richesses des calmes. Déjà Goethe percevait un battement de siècles en systole suivis par un siècle en diastole — maintenant, il me semble, je comprends, chères au romantisme, les images de dilatation thoracique sous des ciels orientalisés : ainsi devait être désigné ce que nous appelons des civilisations ouvertes, avec l'accent que peuvent y mettre ceux sur qui elles se referment. (*LRO*, p. 650)

Si le romantisme est nécessaire et doit peut-être demeurer notre contemporain, c'est que grâce à lui, pour paraphraser Julien Gracq[10], la littérature respire mieux. L'ouvrage de Raymond Schwab le démontre admirablement — et je voudrais arguer ici qu'il en va de même de l'exorbitant projet de Tristan Garcia.

Raymond Schwab fait de la période romantique l'époque d'une Renaissance seconde, qui compléterait la première en prenant enfin acte de l'extension du monde connu. À l'humanisme du XVIe siècle se substitue dès lors ce que l'auteur appelle un « humanisme intégral », fondé sur le constat de l'existence « d'une intelligence et [d']une âme de l'extérieur » et, par conséquent, sur « une toute nouvelle acception du mot *homme* » (*LRO*, p. 20). L'élargissement que suppose cette deuxième Renaissance ne saurait cependant être conçu comme la simple expression d'une extension géographique : l'orientalisme ne fait pas seulement œuvre de Colomb, mais aussi de Newton et de Copernic[11]. Permettant l'avènement d'un humanisme « planétaire », il modifie les contours mêmes de la conscience européenne : la deuxième Renaissance se situe à la fois dans le prolongement de la première, dont elle dévoile la part manquante, et en contradiction avec le modèle de la perfection antique. À l'opposé de l'idéal fini des classiques, c'est une « Renaissance du véhément et de l'indéterminé » qui introduit au cœur de l'édifice occidental la constellation « des possibles et des antinomies » (*LRO*, p. 379).

10. Voir Julien Gracq, « Pourquoi la littérature respire mal », *in Préférences*, Paris, José Corti, 1961, p. 73-104.
11. Voir *LRO*, p. 35 : « Bien des fois encore l'homme sera surpris de tout ce que put être l'homme ; il ne se pourra plus que ce soit la première surprise ; il y eut un moment où, de toutes les explorations humaines, seul, l'humanisme n'avait encore eu ni ses Colomb ni ses Copernic ni ses Newton ; ce n'est pas un petit sujet d'édification de constater que cette virginité-là aussi s'est effacée, au début du XIXe siècle, alors que de toutes parts explosaient des sciences physiques et naturelles. »

Avant d'aborder les ramifications contemporaines de ce grand bouleversement, j'aimerais formuler deux précautions liminaires. La première tient à la postérité de Raymond Schwab, qui a pour imposante figure de proue Edward Said, lecteur averti de *La Renaissance orientale*. Sans doute faut-il le préciser d'emblée : le présent article ne constitue nullement un apport à l'orientalisme — moins encore au domaine réservé des études indianistes, auquel l'auteur de ces lignes ne saurait en aucun cas se prétendre initiée. Aussi les réflexions qui suivent se présentent-elles tout au plus comme un hommage à un fin connaisseur de l'Inde, dont plusieurs articles ont illustré brillamment le rôle décisif[12], démontrant comment *La Renaissance orientale* autorisait à la fois un retour sur la genèse de *L'Orientalisme* et une relecture critique des positionnements d'Edward Said. Plus qu'à l'édifice désormais solidement établi des études postcoloniales, je souhaite donc m'attacher ici aux enjeux d'une histoire littéraire émancipée des cadres nationaux — celle que Raymond Schwab appelait de ses vœux dès 1950[13] et qu'on nommera, selon les préférences théoriques de chacun, « histoire littéraire planétarisée[14] » ou « histoire littéraire intégrée[15] ».

La deuxième précaution que je prendrai concerne le discours critique déjà consacré aux œuvres de Tristan Garcia. Dans un article stimulant, Alexandre Gefen place l'auteur — au même titre que plusieurs écrivains, membres, pour la plupart, du collectif « Incultes » — sous l'enseigne d'un « nouveau réalisme » contemporain[16]. Le lecteur sourcilleux pourrait se trouver chiffonné d'une telle

12. Voir notamment Sarga Moussa, « Edward W. Said lecteur de Raymond Schwab », *Sociétés & Représentations*, vol. 37, n° 1, 2014, p. 69-78. Dans le présent numéro, voir l'article de Claire Gallien, « Sur la préface d'Edward Said à la traduction anglaise de *La Renaissance Orientale* de Raymond Schwab », p. 141-148.
13. Dans *La Renaissance orientale*, Schwab insère quelques phrases critiques à propos de l'histoire littéraire telle qu'elle est enseignée en France : « L'Europe s'est reprise après s'être laissée aller à des histoires universelles d'où l'on oubliait d'exclure les trois quarts de l'univers : tout à l'heure un de nos historiens se félicitait de la voir revenue aux cadres de Bossuet. Il est vrai que c'est un historien de la littérature, compartiment où la quarantaine est admirable d'inflexibilité : nos écoliers sont invités à commenter l'inspiration biblique ou l'orientalisme de Lamartine ou Hugo ; mais Psaumes, Védas ; Li-Tai-Pé ou Firdousi, sont interdits ; les poésies de l'Inde, de la Chine, de la Bible, comptant moins à elles toutes que Pentadius, demeurent les intouchables de la littérature enseignée » (*LRO*, p. 180).
14. Voir Guillaume Bridet, *L'Événement indien de la littérature française*, Grenoble, UGA Éditions, coll. « Vers l'Orient », 2014. La notion de « planétarité » est empruntée à Gayatri Spivak, voir Gayatri Chakravorty Spivak, *Death of a Discipline*, New York, Columbia University Press, 2003, p. 73.
15. Voir Anthony Mangeon, « Pour une histoire littéraire intégrée (des centres aux marges, du national au transnational : littératures françaises, littératures francophones, littératures féminines) », *in* Abdoulaye Imorou (dir.), *La Littérature africaine francophone, mesures d'une présence au monde*, Dijon, Éditions Universitaires de Dijon, coll. « Écritures », 2015, p. 87-104. Notre préférence personnelle ira à cette qualification — ne fût-ce qu'en raison de l'écho lexical qu'elle offre à « l'humanisme intégral » défini par Raymond Schwab.
16. Voir Alexandre Gefen, « Le monde n'existe pas : le "nouveau réalisme" de la littérature française contemporaine », *in* Matteo Majorano (dir.), *L'Incoerenza creativa nella narrativa*

indécision typologique — et ce d'autant plus qu'un certain réalisme, tel qu'il est notamment incarné par Gustave Flaubert, a été le premier contempteur des élans romantiques : quitte à en passer par l'assignation d'un texte contemporain à des catégories désuètes, encore faudrait-il se décider. Tristan Garcia serait-il comme le chat de Schrödinger doté d'ubiquité pour accomplir l'exploit d'être *à la fois* romantique et réaliste ? Quelques précisions s'imposent. Plus qu'à une tradition littéraire, le rattachement de Tristan Garcia à l'étiquette *réaliste* résulte de la prise en compte du volet philosophique de son œuvre, affiliée au « réalisme spéculatif » porté en France par Quentin Meillassoux[17]. Tristan Garcia philosophe théorise ainsi une « ontologie plate », définie par Louis Morelle comme une « affirmation rhapsodique des existants[18] », autrement dit comme un postulat « jusqu'au-boutiste » en vertu duquel « n'importe quelle chose, *stricto sensu*, en vaut une autre[19] ». Il est tentant d'établir un parallélisme entre cette « ontologie plate » et la volonté que manifeste Tristan Garcia romancier de traiter « à parts égales[20] » des existences distinctes[21] ou des régimes de réalité divergents : il y a là, à n'en pas douter, une certaine constante intellectuelle qu'on pourrait placer sous le signe d'une velléité d'égalisation ou d'arasement, mais qui n'a que peu à voir avec la définition communément admise du réalisme littéraire. On ajoutera enfin qu'il importe sans doute de préserver la distinction entre le philosophe et l'écrivain : Tristan Garcia invite lui-même le lecteur à se garder d'une approche applicative de ses œuvres romanesques, qui deviendraient alors l'illustration de théories

francese contemporanea, Macerata, Quodlibet Studio, coll. « Lettere. Ultracontemporanea », 2016, p. 115-125.

17. Voir notamment Quentin Meillassoux, *Après la finitude : Essai sur la nécessité de la contingence*, Paris, Éditions du Seuil, coll. « L'Ordre philosophique », 2006.
18. Voir Louis Morelle, « Du bon usage du libéralisme en métaphysique », *Critique*, n° 821, 2015/10, p. 793-809, ici p. 801.
19. Voir Tristan Garcia, *Forme et objet. Un traité des choses*, Paris, Presses Universitaires de France, coll. « Métaphysiques », 2010, p. 11-12 : « Ce traité part effectivement à la recherche d'une ontologie plate ou plutôt de l'ontologie possible d'un monde plat, d'un monde duquel aurait été abstraite toute sorte d'intensité. Le monde que nous explorerons dans le premier livre est celui où n'importe quelle chose, *stricto sensu*, en vaut une autre. C'est le monde, pourtant, qu'un relativiste n'accepte jamais jusqu'au bout d'habiter. Relevant le défi, nous maintiendrons qu'aucune détermination classique — y compris le fait d'être non-contradictoire, celui d'être individué, d'avoir une identité ou une unité — ne se trouve comprise dans le concept le plus large, le plus vide, le plus formel possible de « chose ». [...]. La démarche se veut jusqu'au-boutiste : faire la preuve qu'il est possible de décrire les qualités non triviales d'un monde de choses dépouillées de toutes qualités. »
20. J'emprunte cette expression à : Romain Bertrand, *L'histoire à parts égales : récits d'une rencontre Orient-Occident*, Paris, Points, 2014.
21. « Consolation. Entretien avec Angie David », *in* Tristan Garcia, *Images et idées. Kaléidoscope I*, Paris, Éditions Léo Scheer, 2019, p. 343-397, ici p. 348 : « Au terme de l'entreprise [romanesque], j'ai appris que tout roman mène à l'idée très simple et très belle que toutes les vies sont égales. Mais il s'agit de conquérir cette vérité, pas de la poser bêtement comme un principe. Il faut la prouver en écrivant. »

philosophiques énoncées par ailleurs[22]. En nous essayant à le traiter comme un « romantique » — c'est-à-dire comme un « humaniste intégral » — nous nous proposons en somme de prendre l'auteur au mot et de lire ses fictions, non à la lumière des développements contemporains de la philosophie occidentale, mais à l'horizon toujours incandescent de la Renaissance orientale.

Un « nouveau romantisme »

L'assignation de Tristan Garcia à un horizon romantique trouve un fondement direct dans le commentaire que livre l'auteur au sujet de l'un de ses romans antérieurs, *Faber ou le Destructeur*[23]. Revenant sur le statut exceptionnel du personnage éponyme du récit, Tristan Garcia en fait « un résidu, un produit de décomposition du romantisme[24] », venu hanter les rues et les adolescents d'une petite ville de la province française. Cette sollicitation du modèle romantique, qui passe ici par une référence au Satan de Milton, n'a rien d'un *hapax* : elle semble au contraire faire partie intégrante de l'environnement intellectuel dans lequel évolue l'auteur. En 2014, Laurent Dubreuil, qui compte parmi les amis régulièrement remerciés à la fin des romans de Tristan Garcia, revenait déjà à « ce substantif racorni, miteux », le *romantisme*, pour en examiner « l'efficace descriptive » dans le moment contemporain[25]. Professeur d'études romanes et de littérature comparée à l'Université Cornell, auteur de plusieurs ouvrages consacrés aux littératures françaises et francophones, Laurent Dubreuil peut à la fois être considéré comme un exégète de talent, lecteur de Nerval, de Maupassant et de Baudelaire[26], et comme un observateur averti de son temps. En 2019, il publie ainsi, entre autres, deux essais étroitement en prise avec l'actualité française et internationale : *La Dictature des Identités*, où il examine, à partir de plusieurs études de cas, les conséquences de « la transformation de l'identité en paradigme politique[27] », et *Portraits de l'Amérique en jeune morte*, une « théorie poétique du réel » consacrée aux évolutions des États-Unis, comparés à l'agonisé sous hypnose d'Edgar Allan Poe[28]. Le « romantisme », tel que le convoque Laurent Dubreuil, n'est donc pas une chimère littéraire : c'est une humeur, une posture ou une tournure d'esprit qui — de même que la

22. *Ibid.*, p. 365 : « J'ai toujours refusé la littérature philosophante et la philosophie littéraire. Je tiens à la distinction des ordres. Parfois, il m'arrive de dire que j'organise une sorte de schizophrénie personnelle, en essayant par ma littérature de contredire ce que j'avance en théorie, et, par mes essais, de nier la possibilité de mes fictions. »
23. Voir Tristan Garcia, *Faber ou le Destructeur*, Paris, Gallimard, 2013.
24. « Consolation. Entretien avec Angie David », art. cit., p. 371.
25. Voir Laurent Dubreuil, *Génération romantique*, Paris, Gallimard, 2014.
26. Voir notamment Laurent Dubreuil, *L'État critique de la littérature*, Paris, Hermann, 2009. Pour un bilan de la pensée critique et philosophique de Laurent Dubreuil, voir aussi Anthony Mangeon (dir.), *L'Empire de la littérature : penser l'indiscipline francophone avec Laurent Dubreuil*, Rennes, Presses Universitaires de Rennes, 2016.
27. Laurent Dubreuil, *La Dictature des Identités*, Paris, Gallimard, coll. « Le Débat », 2019, p. 8.
28. Voir Laurent Dubreuil, *Portraits de l'Amérique en jeune morte*, Paris, Léo Scheer, 2019.

révolution épistémologique décrite par Schwab — s'étend à tous les domaines de la pensée. Les premières pages de l'essai où Laurent Dubreuil s'attache à dresser le portrait d'une « génération romantique » née après le soulèvement de mai 1968 témoignent de cette perspective englobante :

> Je nous assignai une tâche au présent. Au risque de le dévoyer de son expérience accomplie, reprendre le romantisme à cœur. [...] Nous serions cosmiques : dans les images de la nature, prenant passagèrement le réseau mécanique pour un sensorium planétaire, nous aurions à nous augmenter du chaos de l'univers. [...] Je ne me bernais pas, je devinais que nous ne réussirions qu'à moitié, car tous les romantismes échouent à exiger l'impossible, à réclamer leur dû et afficher leurs prétentions. La défaillance annoncée valait pourtant mieux à nos yeux que la suspension, la précaution, le soi-disant pragmatisme, que dans notre cohorte recommandait le grand nombre. Brutalement, tout nous restait à faire, de la description des oiseaux à l'évocation de l'herbe folle, de l'incantation à la réflexion, de l'hallucination au complexe système de résonance. Autant d'invitations à nous-mêmes envoyées[29].

Le romantisme, décidément, n'a pas fini de *s'ouvrir*. À en croire « l'invitation » adressée par Laurent Dubreuil, son ampleur est proprement « cosmique », le condamnant par là même à l'échec programmé de qui croule sous son propre poids. La démesure constitue bel et bien l'une de ses caractéristiques, présente aussi chez Schwab qui en fait, on y reviendra, l'un des apports de l'Inde « innombrable », riche de ses dieux « à qui l'on peut toujours rajouter quelque appendice » (*LRO*, p. 644). Sans doute est-ce également le sens à donner à la remarque d'Alexandre Gefen qui se félicite de trouver en Tristan Garcia un « écrivain mégalomane[30] ». Un tel goût de la totalité trouve une manifestation palpable dans l'essor de pratiques transdisciplinaires et encyclopédiques dont Raymond Schwab est à la fois l'observateur et le praticien zélé. Plusieurs sections de *La Renaissance Orientale* sont ainsi consacrées à un « humanisme intégral » qui concilie la philologie et la science ou, pour le dire dans les termes de Laurent Dubreuil, « la description des oiseaux » et « l'évocation de l'herbe folle ». Schwab remarque ainsi que les premiers orientalistes furent pour la plupart des scientifiques, naturalistes ou médecins, avant d'établir un parallèle saisissant entre l'évolution de la linguistique comparée et celle de la biologie (*LRO*, p. 415-420). Au terme de cette analyse, il réfute par avance la partition des deux cultures énoncée en 1959 par Charles Percy Snow[31] et conclut à la porosité ou, mieux encore, à la « solidarité » des lettres et des sciences :

> [...] les rangements et les dérangements des scientifiques engagent les intérêts des littéraires et cela dans une ère nouvelle où, par la tech-

29. Laurent Dubreuil, *Génération romantique*, *op. cit.*, p. 21-22.
30. Voir Alexandre Gefen, « Tristan Garcia, écrivain total — à propos de *Âmes* », *AOC*, 21/02/2019, disponible en ligne à l'adresse suivante, consultée le 26 décembre 2019 : https://aoc.media/critique/2019/02/22/tristan-garcia-ecrivain-total-a-propos-de-ames/.
31. Voir Charles Percy Snow, *The Two Cultures*, Cambridge, Cambridge University Press, 1998.

> nique de son instrument verbal, la littérature se découvre solidaire des sciences. (*LRO*, p. 418)

Un tel postulat trouve un écho frappant dans la pratique littéraire de Tristan Garcia — tout comme, d'ailleurs, dans le positionnement scientifique de Laurent Dubreuil[32]. La fusion entre littérature et science est ainsi patente dans *Âmes* : il suffit pour s'en persuader de se reporter à la liste des « principales sources, librement interprétées » (*Âmes*, p. 709) que l'auteur fait figurer dans les dernières pages de l'ouvrage. Les textes littéraires d'origine et d'époques variées — on trouve aussi bien l'épopée de Gilgamesh dans la traduction de Jean Bottéro que *La Mort de Virgile* de Hermann Broch — y voisinent avec des articles scientifiques, dont la lecture a alimenté la conception des premiers chapitres du roman, consacrés au vers *xenacoelomorpha* et à un petit mammifère euthérien, Juramaia. Par ce chassé-croisé référentiel, Tristan Garcia s'inscrit indubitablement dans la filiation romantique d'un « humanisme intégral » qui ne reconnaît aucune limite à l'empan de sa curiosité. Qu'en est-il cependant de l'Orient à proprement parler ?

« L'événement indien » chez Tristan Garcia

Commentant la présence indienne en France dans les premières décennies du XXe siècle, Guillaume Bridet établit une distinction entre le fait, compris comme une « occurrence brute » et l'événement, qui, dans les termes de Michel Bertrand, « déchire l'ordre établi[33] » : selon lui, la présence indienne dans le champ intellectuel français fait *événement* dans la mesure où elle ne se manifeste pas simplement par une influence thématique, mais « reconfigure l'horizon d'attente des discours » et « initie de nouvelles pratiques ». L'hypothèse d'un tel « événement indien », susceptible d'ébranler jusque dans ses fondements la littérature et la culture européennes, était déjà présente chez Raymond Schwab. Pour ce dernier, tout bascule en 1771, avec le déchiffrement et la traduction de l'*Avesta* par Anquetil Duperron :

> Seulement après 1771, la Terre devient vraiment ronde ; la moitié de la carte des cerveaux n'est plus en blanc. [...] voici l'une de ces rares dates où l'on peut saisir la formation d'une atmosphère nouvelle : par un cer-

32. Ce dernier est l'auteur d'un ouvrage consacré aux sciences cognitives (*The Intellective Space*, 2015) et d'un recueil d'entretiens dédié à la question des grands singes (*Dialogues on the Human Ape*, 2018). Sur ce point, un nouveau recoupement avec Tristan Garcia est possible puisque celui-ci est l'auteur des *Mémoires de la jungle* (2010), qui donnent la parole au chimpanzé Doogie dans un monde dépeuplé par la pollution.
33. Voir Michel Bertrand, « Penser l'événement en histoire : mise en perspective d'un retour en grâce », *in* Marc Bessin, Claire Bidart et Michel Grossetti (dir.), *Bifurcations. Les sciences sociales face aux ruptures de l'événement*, Paris, La Découverte, 2010, p. 40. Voir également Corinne Grenouillet et Anthony Mangeon (dir.), *Mémoires de l'événement, Constructions littéraires des faits historiques* (XIXe-XXIe siècle), Strasbourg, Presses Universitaires de Strasbourg, 2020.

> tain nombre de rencontres entre des êtres et des moyens, une poussée chemine dans l'inconscient d'une ou deux générations, peu à peu l'élargissement de la vision historique dilate l'horizon des créateurs et détermine une refonte de la monnaie courante des idées. (*LRO*, p. 36)

Considérant l'orientalisme comme un « événement spirituel » (*LRO*, p. 109), Schwab souligne sa capacité à « démâter les absolus occidentaux » (*LRO*, p. 640) : des caravelles conquérantes, on glisse insensiblement au radeau de la Méduse. Face à une telle généalogie, la question que peut se poser le lecteur des fictions contemporaines est celle de savoir si l'événement indien est toujours d'actualité dans la littérature française. Je voudrais avancer ici que les romans de Tristan Garcia permettent de répondre par l'affirmative : dans un entretien réalisé avec Angie David pour *La Revue littéraire*, l'auteur suggère ainsi que la matière orientale se révèle particulièrement propre à induire un indispensable démâtage des structures du récit occidental. Il n'est certes pas question d'*Âmes* dans cet entretien, et pour cause : il est publié en 2015, quatre ans avant la parution du premier tome de la trilogie. Si la majeure partie des échanges tourne autour du roman *7*[34], plusieurs éléments laissent pourtant penser que Tristan Garcia s'exprime en ayant en tête le prochain chantier littéraire auquel il entend se consacrer. Revenant sur la dernière section de *7*, « La Septième », où se trouve dépeint le sort d'un « élu » doté de la capacité de reprendre indéfiniment sa vie au commencement, enrichi de la mémoire de ses existences passées, il formule les réflexions suivantes :

> [...] c'est un premier pas vers la forme que j'aimerais donner à ce que j'écris, dans les années à venir. C'est-à-dire une forme ultranarrative, dont l'armature tiendrait à la conception non plus d'une histoire linéaire, mais de cycles. Dans « La Septième », j'ai essayé d'adapter au contexte du roman une forme plutôt orientale, venue du bouddhisme et de l'hindouisme : la forme du samsâra, de la circulation des identités, du cycle infini de renaissances qu'est censé connaître un individu. Cette forme est tout à fait adéquate à l'invention d'une épopée contemporaine : la grande roue du samsâra n'est rien d'autre qu'une immense histoire de la souffrance vécue par les mêmes âmes dans différentes incarnations[35].

La quête d'une structure « ultranarrative », radicalement distincte des formes de l'autofiction[36], incite Tristan Garcia à recourir à un modèle qu'il rattache spontanément aux traditions du bouddhisme et de l'hindouisme. Le démâtage des structures attendues du roman occidental se traduit dès lors par l'abandon d'une fiction au déroulement linéaire, remplacée, non par un roman à tiroirs, mais par une composition cyclique et dispersée : à la geste généalogique d'une famille qui permettait aux auteurs européens d'embrasser

34. Tristan Garcia, *7*, Paris, Gallimard, 2015.
35. « Consolation. Entretien avec Angie David », *art. cit.*, p. 392.
36. Au cours de cet entretien, Tristan Garcia prend à plusieurs reprises ses distances avec le modèle répandu de l'auto-fiction : « Plus on se poursuit, plus on s'épuise : à la fin, de soi-même, il ne reste plus qu'une forme plus ou moins vide, bien peu de choses. Soi, c'est décevant. Donc, il faut s'attacher aux autres » (*ibid.*, p. 355).

plusieurs décennies dans leurs fictions[37], Tristan Garcia substitue un *continuum* spirituel qui ne connaît ni la barrière des espèces, ni les frontières chronologiques et spatiales. *Âmes*, de même que *7*, offre à ce titre une expérience de lecture déroutante : pris dans un réseau « ultranarratif », le lecteur hésite à morceler l'œuvre en une série de nouvelles indépendantes ou à s'attacher au contraire à en restituer l'unité organique, au premier regard imperceptible.

Faire d'*Âmes* un roman indien relèverait d'une simplification excessive et ne rendrait guère justice à la complexité du dispositif narratif imaginé par Tristan Garcia : il livre en effet un récit composite, étendu sur plusieurs continents et plusieurs millénaires. Dans cet espace démesuré, irréductible à celui de la vie humaine, le lecteur est invité à suivre l'errance de quatre âmes dont les incarnations successives n'altèrent pas la dominante chromatique : l'âme bleue, portée vers la spiritualité, l'âme jaune intellectuelle et méditative, l'âme rouge sanguine et colérique, l'âme verte juvénile et aventureuse. *Âmes* concilie à ce titre la croyance en la métempsychose, qu'on peut rattacher à un paradigme oriental, et un schéma qu'on raccordera à la théorie hippocratique des humeurs. Encore faut-il préciser que la circulation des âmes, rapportée par Tristan Garcia à « une forme plutôt orientale », n'est ni nouvelle dans la littérature française, où elle intervient dès le XVIIIe siècle, ni absente de la philosophie occidentale[38]. Le lecteur sera cependant frappé par le statut remarquable du neuvième chapitre d'*Âmes*, situé au IIIe siècle dans l'empire Gupta, où se déroulent les aventures de la princesse indienne Rāma, accompagnée du Général des Morts, des quatre Śeṣa et de l'eunuque Agni. Leur errance est explicitement rapprochée de celle des personnages du *Râmâyana*, dont ils portent d'ailleurs les noms :

> Samudragupta avait ordonné à la fille de son défunt beau-frère de quitter la ville : il fallait qu'elle parte sept ans au moins en ermitage, qu'elle renonce à la cité et aux biens matériels, pour rejoindre les forêts, comme dans l'épopée du *Râmâyana*. (*Â*, p. 403)

Quand bien même la composition narrative imaginée par Tristan Garcia tend à assurer l'égal traitement de tous les éléments, plusieurs indices autorisent à faire de ce neuvième chapitre le cœur du roman. Une rapide comparaison chiffrée permet d'établir d'emblée le primat quantitatif de cet épisode indien, le seul à s'étendre sur près de deux cents pages et à former ce qu'on pourrait considérer comme un véritable *roman dans le roman*. Au-delà de ce constat purement quantitatif, il importe de noter combien le chapitre indien d'*Âmes* autorise l'expression éloquente du projet romanesque développé par Tristan Garcia. La première caractéristique remarquable de cette entreprise réside

37. Ce modèle, pratiqué entre autres par Émile Zola et Thomas Mann, ne saurait être considéré comme périmé aujourd'hui. On le trouve par exemple appliqué dans un récent roman de Jean-Baptiste Del Amo, lauréat, un an après *7*, du Prix du Livre Inter. Voir Jean-Baptiste Del Amo, *Règne Animal*, Paris, Gallimard, 2016.
38. Voir notamment à ce sujet Jean-François Perrin, « Soi-même comme multitude : le cas du récit à métempsychose au 18e siècle », *Dix-huitième siècle*, n° 41, 2009/1, p. 168-186.

dans son ambition d'ouverture géographique : mettant en œuvre et en fiction la fameuse « provincialisation de l'Europe » appelée de ses vœux par Dipesh Chakrabarty[39], Tristan Garcia creuse la distance entre les chapitres successifs de son roman, situés sur des continents distincts ou dans des abysses lointains. Une « carte des âmes », placée dans les dernières pages du volume, à la suite de la « table des âmes » qui récapitule les incarnations successives de chaque dominante chromatique, permet de situer géographiquement les épisodes du récit. Encore s'agit-il là d'une fiction cartographique, qui autorise la cohabitation factice de formes de vie dont l'environnement fut radicalement distinct : le deuxième chapitre, consacré au vers *xenacoelomorpha*, se déroule ainsi il y a 530 millions d'années, soit à une époque où la dérive des continents n'avait pas encore donné au globe le visage que nous lui connaissons aujourd'hui. Transformé en terrain commun où circulent les âmes éternelles, le fond de carte en question est significativement tronqué, amputé d'une partie du continent européen (la péninsule espagnole, la pointe du Finistère) et de l'intégralité du continent américain : on ne saurait exprimer plus clairement une volonté de décentrement qui conduit ici à la suppression provisoire (reste à voir ce qu'il en sera dans les tomes suivants) d'une partie de l'Occident. Dans cet objet cartographique signifiant, l'épisode raconté au chapitre 9 est le seul à être figuré *deux fois* : d'abord sur la péninsule indienne, où débute le récit, puis en Afrique où il se poursuit et s'achève par la dévoration de la princesse Rāma, devenue hostie des cannibales. De cette double mention, il est tentant de déduire que le chapitre indien est le plus « ouvert » sur le monde et par conséquent le plus propre à illustrer le projet de décentrement porté par l'auteur.

La seconde caractéristique notoire de l'entreprise littéraire menée par Tristan Garcia tient, pour l'exprimer une fois de plus par le truchement d'une expression empruntée aux théoriciens de la pensée postcoloniale, à sa volonté de donner la parole aux *subalternes*. Si cette préoccupation constitue l'un des fils rouges du récit, qui se détourne par exemple de la figure christique pour s'attacher aux deux larrons, elle se cristallise dans la description de la troupe de lépreux déshérités qui entoure la princesse Rāma :

> Les esclaves, les voyeurs et les castrés comme toi, les femmes qui obéissent à leur mari comme Mithra, les femmes qui voudraient être des hommes et les hommes qui aimeraient être des femmes, tous... Ils sont impuissants. Eh bien, nous les contaminerons pour les sauver. Nous leur proposerons, partout sur la terre, le seul marché qui vaille : cesse de sentir, perds ta chair, dis adieu à tes nerfs, et rejoins-nous. Sois libre. La lèpre vaut mieux que la corvée, l'obéissance, la peur et la soumission. [...] Il faut apprendre à partager notre bien, il faut proposer aux serfs, aux inféodés,

39. Dipesh Chakrabarty, *Provincializing Europe: Postcolonial Thought and Historical Difference*, Princeton, Princeton University Press, 2000. En français, voir Dipesh Chakrabarty, *Provincialiser l'Europe : la pensée postcoloniale et la différence historique*, Paris, Éditions Amsterdam, 2009 [trad. d'Olivier Ruchet et Nicolas Vieillescazes].

> aux indigents, aux mendiants, aux pauvres paysans, aux femmes battues, aux enfants abandonnés, la grâce des lépreux. (*Â*, p. 401-402)

Les malheureux auxquels la princesse fait don de la lèpre sont des parias en quête d'un nouveau royaume : non contente de les affranchir de leurs maîtres et de toute contrainte sociale, la maladie les émancipe aussi de la souffrance physique, dont la présence lancinante, depuis le corps coupé en deux du premier vers jusqu'à ceux des larrons en croix, constitue l'un des *leitmotive* du roman.

Plus que tout autre épisode, le chapitre indien condense ainsi les enjeux essentiels du projet littéraire porté par Tristan Garcia, ou à tout le moins de son premier et à ce jour unique volume : porté par le modèle narratif non linéaire qu'autorise le recours à la métempsychose, il en concentre les enjeux géographiques de décentrement, les inspirations intertextuelles autant que les aspirations politiques.

La « dilatation » romantique

On l'aura compris : l'épisode de la princesse Rāma, fortement inspiré du *Râmâyana* dont il offre une réécriture dystopique et genrée, constitue l'un des pivots du roman de Tristan Garcia, au point d'autoriser l'évocation d'un « événement » indien dans la fiction contemporaine. Pour mieux cerner les contours de celui-ci, prenons cependant quelques pas de recul et essayons d'embrasser de nouveau l'œuvre dans son ensemble proliférant : à quel objet littéraire avons-nous affaire ici ? Invoquant la grande roue du *samsâra*, Tristan Garcia affirme avoir trouvé en elle la structure « adéquate à l'invention d'une épopée contemporaine », en laquelle le lecteur reconnaît aisément un avatar de la « grande forme du roman » que l'auteur appelle par ailleurs de ses vœux[40]. L'usage même du terme « d'épopée », dans le champ littéraire français, a quelque chose d'un trait d'audace : un regard cursif dans l'histoire littéraire suffit à rappeler combien le genre a mûri d'illustres échecs au cours des siècles. De la *Franciade* inaboutie à

40. Voir Tristan Garcia, « Consolation. Entretien avec Angie David », art. cit., p. 346 : « [...] à mon sens, la conception du roman ramenée à une simple expression de soi, à une mise en fiction de sa généalogie, sa famille, son enfance, ses souvenirs, ses amours, ses petites perceptions, c'est l'usage le plus limité qu'on puisse faire de cet incroyable outil de mesures des vies qu'est le récit. C'est une "petite forme" du roman. La "grande forme" se déploie à partir du moment où on essaie d'outrepasser les bornes de son existence individuelle, où on s'extrait de soi, où on tente d'envelopper plusieurs vies, réelles ou imaginaires. » On notera au passage que le modèle de la « grande forme » pourrait entrer en résonance avec les projets énoncés dans le « Manifeste pour une littérature-monde » : sans mener une charge contre les Nouveaux Romanciers comme le faisaient certains rédacteurs du manifeste, Tristan Garcia prend acte de la fin « d'un moment très court mais très intense de l'histoire de la littérature », durant lequel elle « a pris pour objet principal son propre matériau » (*ibid.*, p. 360).

la *Henriade* récemment rangée par Pierre Bayard au rang des « œuvres ratées[41] », l'épopée n'a pas toujours réussi aux auteurs français, loin de là. Plus proche de nous, l'exemple de Pierre Guyotat et du « grand dessein » que constitue *Le Livre* témoigne des insondables difficultés d'une ambition totalisatrice poussée jusqu'aux frontières de l'illisible[42]. Raymond Schwab cite quant à lui Alfred de Vigny, déclarant forfait à la suite de l'échec d'*Eloa* :

> Je me suis toujours senti le génie épique ; *Moïse*, *Eloa* ont le caractère épique ainsi que la plupart de mes poèmes à ce que je crois, mais comme l'une des conditions de ces vastes conceptions est l'étendue et que l'étendue en vers français est insupportable, il m'a fallu la tenter en prose. (Cité *in LRO*, p. 485)

Vigny se détourne ainsi de la poésie pour privilégier la prose qui, seule, serait à même de supporter l'abondance épique. Pour Raymond Schwab, un tel constat est représentatif d'une inflexion romantique directement liée au surgissement de « l'événement indien » dans la littérature française : l'arrivée de textes comme le *Râmâyana* n'est pas seulement synonyme d'un élargissement de l'horizon, elle induit aussi un véritable bouleversement quantitatif. Raymond Schwab évoque à ce titre « une dilatation » qui doublerait le mouvement d'ouverture orientaliste :

> [...] dans le siècle qui est par excellence celui de l'ouverture, il s'agit là *d'une entreprise de dilatation*, devenue possible pour Quinet, parce qu'il utilise le matériau même de cette Renaissance, le type de gigantesque multiple ressorti de terre [...]. (*LRO*, p. 388)

On dira ainsi qu'il existe non pas une « matière indienne », comprise comme ensemble thématique rendu enfin disponible, mais un véritable « matériau », c'est-à-dire une abondance et une densité littéraire. Les épopées indiennes apportent en Occident la « tentation des poèmes-fleuves », instillant un « modèle d'innombrable » (*LRO*, p. 487) jusque-là inéprouvé. Quoique l'enjeu ne se situe plus, au XXIe siècle, dans l'alternative entre prose et poésie évoquée par Vigny, ce bouleversement quantitatif trouve un écho dans les fictions de Tristan Garcia. Alexandre Gefen compare ainsi *Âmes* à *La Légende des siècles*[43] : il est vrai que les deux œuvres se rejoignent par leur ambition démesurée autant que par la puissance épique de leur souffle pluriséculaire. Plus que d'Hugo, dont le rapport à l'Orient demeure selon Schwab relativement circonspect[44], la lecture de *La Renaissance orientale* invite cependant à rapprocher Tristan Garcia de Lamartine. Les parallèles qu'on peut établir entre les deux auteurs

41. Voir Pierre Bayard, *Comment améliorer les œuvres ratées ?*, Paris, Éditions de Minuit, 2000.
42. Voir Pierre Guyotat, *Le Livre*, Paris, Gallimard, 1984.
43. Voir Alexandre Gefen, « Tristan Garcia, écrivain total — à propos de *Âmes* », art. cit.
44. Pour une lecture divergente du rapport d'Hugo à l'Orient voir : Franck Laurent, « L'Orient de Victor Hugo : un nom de Génie (*Les Orientales* ; *William Shakespeare*) », *in* Michel Levallois et Sarga Moussa (dir.), *L'Orientalisme des saint-simoniens*, Paris, Maisonneuve et Larose, 2006, p. 65-74.

sont multiples : le plus évident tient peut-être à l'extension de l'empathie du poète au règne animal. Ainsi Lamartine rappelle-t-il dans son *Cours familier de littérature* que la lecture de l'épisode final du *Mahâ-Bhârata*, où Yudhishthira exige l'admission de son chien au paradis, lui donna le dégoût de la chasse en lui inspirant « une plus large charité de l'esprit humain » (cité *in LRO*, p. 493). De même, l'empathie pour la souffrance s'étend chez Tristan Garcia au règne animal dans son ensemble, jusqu'à la forme incolore et plate du ver primitif, une « chose flasque et résistante à la fois » (*Â*, p. 23). Les parentés avec Lamartine vont cependant plus loin et s'attachent à la forme même du récit — voire, au fruit d'une saisissante coïncidence, à son intitulé. Dans le chapitre qu'il consacre à Lamartine, Raymond Schwab rappelle en effet que ce dernier entendait livrer au public une « épopée hindoustanique » que le poète qualifie également « d'épopée de l'âme ». Ce projet inabouti, dont participent *Jocelyn* et *La Chute d'un Ange*, est résumé par Lamartine en 1852 dans le frontispice des *Visions* :

> Ce devait être l'histoire de l'âme humaine et de ses transmigrations à travers des existences et des épreuves successives, depuis le néant jusqu'à la réunion au centre universel, Dieu. (cité *in LRO*, p. 487)

Âmes ne répond assurément pas à la même visée téléologique : son issue reste d'ailleurs à ce jour inconnue. Il n'en demeure pas moins que la première partie du résumé offert par Lamartine s'applique parfaitement à l'œuvre de Tristan Garcia, dont on pourrait donc dire qu'il est l'auteur contemporain d'une « épopée romantique ». Encore faut-il s'entendre auparavant sur la définition de l'épopée autant que sur celle du romantisme : il ne s'agit nullement de guetter ici la résurrection des héros triomphants, mais plutôt de constater la permanence du phénomène d'ouverture et de dilatation — de « diastole » pour reprendre la métaphore cordiale de Schwab — caractéristique de la Renaissance orientale. « L'humanisme intégral » de Tristan Garcia n'est pas seulement une posture éthique et philosophique : c'est également un positionnement littéraire par lequel l'auteur participe au renouvellement de la veine épique dans le champ contemporain français. Parmi les nombreuses contributions que rassemble à ce propos un récent numéro de la revue *Fixxion*[45], on citera ainsi le remarquable article que Cécile Châtelet consacre aux œuvres de Céline Minard[46] : il est significatif de constater que *Le Dernier Monde*, odyssée apocalyptique du dernier survivant de la planète, se déroule pour partie en Inde, où le personnage renoue avec les souvenirs colossaux des épopées anciennes[47]. Dans cet élan épique renouvelé, je veux penser que

45. Voir Dominique Combe et Thomas Conrad (dir.), « Époque épique », *Fixxion*, n° 14, 2017.
46. Voir Cécile Châtelet, « "Aussi défait qu'on peut l'être par une victoire" : métamorphoses de l'épique dans l'œuvre de Céline Minard », *in* Dominique Combe et Thomas Conrad (dir.), « Époque épique », *Fixxion*, n° 14, 2017, consulté en ligne le 27 décembre 2019 à l'adresse suivante : http://www.revue-critique-de-fixxion-francaise-contemporaine.org/rcffc/article/view/fx14.08.
47. Voir Céline Minard, *Le Dernier Monde*, Paris, Denoël, 2007.

les écrivains contemporains reconduisent le geste totalisant que Raymond Schwab prêtait éloquemment aux auteurs romantiques :

> Comme Michelet, le poète, revivant tout ce qui a été une fois vécu par des hommes, que ce soit des gestes héroïques ou misérables, que ce soit des systèmes philosophiques ou des idées religieuses, se donne pour mission de devenir le lieu géométrique de toutes les aventures des siècles. (*LRO*, p. 494)

L'analogie ne peut certes pas être menée jusqu'au bout : sans doute est-il par trop paradoxal de chercher dans ces récits contemporains de souffrance, de mort et de destruction la promesse d'une troisième Renaissance. Il semble néanmoins essentiel de ne pas minorer leur importance et de reconnaître en eux l'expression renouvelée d'un certain romantisme, porteur des fruits lourds de ces fictions d'innombrable. Ne reculant ni devant le risque ni devant l'abondance, celles-ci œuvrent pour une littérature française qui exhale un souffle salutaire. En ces temps systoliques de crispation et de réserve, où on attend de chacun qu'il égrène soigneusement son décompte — finances, ressources, espaces disponibles — soyons leur gré de leur générosité prolixe et réjouissons-nous que le compte-goutte ne se soit pas partout substitué au gueuloir.

Ninon CHAVOZ
Université de Mayence

Pour une histoire littéraire transnationale : La littérature algérienne entre « Intégral » et « Intégrisme »

Partant d'une réflexion critique sur *La Renaissance orientale* de Raymond Schwab, qui en appelle à un « humanisme intégral », cet article propose une méthode d'histoire littéraire transnationale, réintroduisant le politique. En particulier, à l'encontre d'une téléologie de l'intégration, et de l'idéologie d'un métissage (littéraire) universel, cette méthode permet de mettre en lumière les tensions permanentes et dialectiques au sein d'une littérature postcoloniale entre intégration à l'international, et construction parfois « intégriste » d'une spécificité nationale.

Le cas algérien vient illustrer cette méthode d'histoire littéraire transnationale. Même si certains ont pu la promouvoir, l'histoire de la littérature de l'Algérie coloniale est moins celle d'une intégration à l'« universel » littéraire représenté par la Métropole, que celle d'une différentiation par rapport à la littérature coloniale, notamment par le biais d'une nationalisation de la « littérature algérienne ». Le lien conflictuel à l'étranger (français ou arabe en particulier), tant dans les discours que les pratiques, reste cependant une donnée fondamentale du champ littéraire algérien, que l'on peut qualifier pour cette raison de champ littéraire transnational. La période la plus récente, tout en étant marquée par l'intégration accélérée de la littérature algérienne au marché mondial, ne remet pas en cause son identification nationale.

Schwab et l'histoire littéraire transnationale

Tout en proposant une éthique scientifique à laquelle on ne peut qu'adhérer, *La Renaissance orientale* pose trois problèmes, qui invitent à élaborer une histoire littéraire transnationale.

La Renaissance orientale *face au mouvement décolonial*

Raymond Schwab propose tout d'abord une perspective de recherche, caractérisée par l'« humanisme intégral ». Il est fondé sur un grand relativisme culturel qui n'est pas sans rappeler l'approche développée à la même époque par Claude Lévi-Strauss. Il propose également une analyse historique de cette pratique éthique et scientifique, qu'il nomme la « Renaissance orientale », qu'ont connue la pensée et la littérature européennes au contact de l'Inde en particulier dans la première partie du XIXe siècle. Cette double proposition pose à mon sens trois problèmes : 1) son eurocentrisme et son essentialisme, 2) son éthique téléologique du métissage, 3) son évacuation de l'Orient arabe.

Dans le contexte de fortes hiérarchies coloniales et raciales qui existaient à l'époque la publication de *La Renaissance orientale* (1950), cette éthique de l'ouverture est fortement progressiste. Pourtant elle reste en son principe eurocentrée. L'humanisme intégral, et la Renaissance orientale en particulier, semblent « annexer[1] » à l'humanité intellectuelle et artistique européenne ce qu'elle reconnaît et caractérise comme « philosophie », « religion », « littérature » et « art », négligeant par là même des conceptions alternatives des rapports entre pensée, religion et activités artistiques. De manière générale, ces Autres ne sont pas pensés autrement que comme objets de l'« intégration » par les Européens, et non pas comme sujets de celle-ci : leurs pratiques culturelles sont présentées comme un stock fixe (traditionnel), et non comme des pratiques vivantes, en particulier à la suite de la « rencontre » avec l'Autre européen. Ne prenant pas en compte le point de vue des Indiens, Schwab relaie également la pensée essentialiste de son époque : l'Inde, pourtant réduite à sa part hindi, prend la dimension d'un Autre absolu susceptible de régénérer le Même européen.

Cet essentialisme est à la base de son éthique téléologique du métissage (terme qu'il n'emploie pas). Le mouvement d'ouverture vers l'Autre qu'il décrit avec l'histoire de la Renaissance orientale, et qu'il appelle de ses vœux en promouvant l'humanisme intégral, tend vers un métissage universel qui rappelle l'idéologie irénique actuelle de la mondialisation. Mais en postulant une égalité entre les cultures, plutôt que d'objectiver les rapports de domination entre elles, Schwab néglige que l'« intégration » de la culture dominante (européenne) peut engendrer une crainte de « désintégration » culturelle chez le dominé (colonisé). Cette téléologie de l'humanisme intégral fait ainsi peu de cas des facteurs de résistance, dialectiques[2], à cette « intégration » universelle, contribuant autant à la création de *différences* qu'au métissage. Par ailleurs, en se plaçant du côté de l'éthique, Raymond Schwab est politiquement anachronique. L'humanisme intégral peut apparaître au mieux comme un vœu pieux en 1950, époque d'un mouvement décolonial qui fragmente alors l'univers littéraire en autant de littératures nationales. Plutôt que la rencontre ou

1. Raymond Schwab, *La Renaissance orientale* [1950], Paris, Payot, 2014, p. 356.
2. Elle apparaît toutefois en filigrane dans l'œuvre de Schwab : les diverses violences politiques et conquêtes militaires ont instauré des oppositions entre les cultures, et pourtant elles ont renforcé les contacts (comme l'apprentissage des langues) ; voir Raymond Schwab, *op. cit.*, p. 16-17.

le choc (heureux chez Schwab) des civilisations, le XXe siècle parachève en effet le processus de nationalisation du monde.

Il n'est pas sûr que l'absence de l'Orient arabe dans l'œuvre de Schwab soit seulement la conséquence d'une spécialisation de l'auteur sur l'Inde. Il est frappant de constater que lorsqu'il parle de 1830 comme d'un moment crucial de l'ouverture à l'Autre, Schwab n'évoque pas la prise d'Alger, prélude à la seconde vague de colonisation française. Or l'orientalisme esthétique européen se fonde tout autant sur des références à l'Inde qu'au monde arabe, notamment maghrébin. On est tenté de trouver dans ce déni le symptôme d'un rapport plus général à l'espace colonial français. L'absence de la référence arabe n'est pas seulement la conséquence de la déculturation opérée dans les colonies, mais également de la perte de prestige du monde arabe à la suite de la colonisation, la fascination pour l'émir Abdelkader, guerrier et poète, s'estompant au profit du mépris pour l'Indigène, soumis et inculte[3]. En étant en phase avec l'idée camusienne ou braudélienne d'une unité culturelle méditerranéenne[4], alors que l'Inde constituerait l'Autre absolu, Schwab se place à contre-courant des revendications nationalistes en Afrique du Nord qui cherchent alors à affirmer l'irréductibilité culturelle des peuples colonisés.

Pour une histoire littéraire transnationale

La Renaissance orientale invite ainsi à nous interroger sur les modalités scientifiques, éthiques et politiques d'une étude de la littérature à l'ère du postcolonial et de la mondialisation. En prenant comme cadre la littérature française et plus largement européenne d'une part, l'Inde d'autre part, elle rompt avec les histoires littéraires fondées sur la succession d'auteurs et de dates successives au sein d'un seul espace national[5]. Centrées quant à elles sur les littératures des régions (ex-)colonisées, les études postcoloniales ont d'une certaine manière approfondi cette œuvre déconstructive, en montrant comment elles sapaient les fondements tout à la fois du pouvoir et du savoir (identitaire) colonial[6]. Les *World Literature studies*[7] se sont également extraites

3. Daniel Rivet, *Le Maghreb à l'épreuve de la colonisation*, Paris, Hachette Littératures, 2002.
4. Madeleine Dobie, « For and against the Mediterranean: Francophone Perspective », *Comparative Studies of South Asia, Africa, and Middle East*, vol. 34, n° 2, 2014, p. 389-404.
5. Alain Vaillant, *L'Histoire littéraire*, Paris, Armand Colin, 2010. Paul Aron, *(Re)faire de l'histoire littéraire : discipline, objets, indiscipline*, Paris, Anibwe, 2017.
6. Edward Said, *L'Orientalisme : l'Orient créé par l'Occident*, traduit par Catherine Malamoud, Paris, Éditions du Seuil, 1997. Bill Ashcroft, Gareth Griffiths et Helen Tiffin, *The Empire writes back: theory and practice in post-colonial literatures*, London, Routledge, 1989. Homi K. Bhabha, *Les Lieux de la culture : une théorie postcoloniale*, traduit par Françoise Bouillot, Paris, Payot, 2007.
7. Franco Moretti, « Conjectures on World Literature », *New Left Review*, n° 1, 2000, p. 54-68. David Damrosch, *What Is World Literature?*, Princeton, Princeton University Press, 2003.

des considérations nationales pour observer les phénomènes de circulations mondiales des littératures, et certaines de manière décentrée[8].

Le rejet *a priori* du cadre national est cependant problématique. L'approche par zones culturelles plus que par espaces nationaux conduit le plus souvent à des analyses monolingues, comme chez Schwab pour la culture d'origine (sanskrit), ou dans les études postcoloniales pour la culture d'accueil[9]. On remarque toutefois une tendance nouvelle à « lire ensemble[10] » les littératures de langues différentes dans un « local multilingue[11] ». Surtout, en privilégiant une approche culturelle-linguistique, Schwab, comme la plupart des approches « globales » actuelles, évacue le cadre politique qui a le plus nettement organisé les littératures du monde au XXe siècle (mais également au XIXe et XXIe siècles). Historiquement, la construction des identités s'est faite au XXe siècle en grande partie autour de l'idée de nation, de littérature nationale[12], et ce de manière internationale[13]. Fondées souvent sur les sciences sociales, qu'il s'agisse d'histoire connectée[14] ou de transferts culturels[15], ou d'une sociologie opposée au « nationalisme méthodologique[16] », certaines approches ont développé ce que l'on peut appeler une *histoire littéraire transnationale*, qui, sans évacuer le national, le replace dans des configurations internationales[17].

Christophe Pradeau et Tiphaine Samoyault (éd.), *Où est la littérature mondiale ?*, Saint-Denis, Presses universitaires de Vincennes, 2005.

8. Anders Pettersson *et al.*, *Literary History: Towards a Global Perspective*, Berlin, Walter de Gruyter, 2006. Guillaume Bridet *et al.* (dir.), *Décentrer le cosmopolitisme : enjeux politiques et sociaux dans la littérature*, Dijon, Éditions universitaires de Dijon, 2019.
9. Xavier Garnier, « Les littératures en langues africaines ou l'inconscient des théories postcoloniales », *Neohelicon*, vol. 25, n° 2, 2008, p. 87-99.
10. Karima Laachir, « The aesthetics and politics of 'reading together'. Moroccan novels in Arabic and French », *The Journal of North African Studies*, vol. 21, n° 1, 2015, p. 22-36.
11. Francesca Orsini, « The Multilingual Local in World Literature », *Comparative Literature*, vol. 67, n° 4, 2015, p. 345-374.
12. On peut citer cependant d'autres types de constructions identitaires : race, femme... voir Hervé Serry, « La littérature pour faire et défaire les groupes », *Sociétés contemporaines*, vol. 44, n° 4, 1er septembre 2001, p. 5-14.
13. Anne-Marie Thiesse, *La Création des identités nationales : Europe XVIIIe-XXe siècle*, Paris, Éditions du Seuil, 1999.
14. Sanjay Subrahmanyam, *Explorations in Connected History: From the Tagus to the Ganges*, Oxford, Oxford University Press, 2005.
15. Michel Espagne, *Les Transferts culturels franco-allemands*, Paris, Presses universitaires de France, 1999.
16. Andreas Wimmer et Nina Glick Schiller, « Methodological nationalism and beyond: nation-state building, migration and the social sciences », *Global Networks*, vol. 2, n° 4, 2002, p. 301-334.
17. Pascale Casanova, *La République mondiale des lettres* [1999], Paris, Éditions du Seuil, 2008. Gisèle Sapiro (dir.), *Les Contradictions de la globalisation éditoriale*, Paris, Nouveau Monde éditions, 2009. Tristan Leperlier, *Algérie, Les écrivains dans la décennie noire*, Paris, CNRS éditions, 2018.

Par cette démarche historique, on se dégage par ailleurs de l'horizon éthique du métissage qui point dans l'œuvre de Schwab, comme chez d'autres critiques qui privilégient l'observation des phénomènes d'hybridité ou de mouvements[18]. Or non seulement il existe des résistances à ces processus d'hybridation dont il convient de rendre compte ; mais encore l'approche historique permet de sortir d'une analyse des *identités* même métisses[19] pour une analyse des processus d'*identification*. En somme, plutôt que se limiter à analyser les hybridations, il convient d'observer la construction conflictuelle des identités collectives, du Même et de l'Autre, dans les discours, mais également dans les pratiques, qui sont certes le plus souvent hybrides.

Ainsi l'histoire littéraire d'un « humanisme intégral » au XXe-XXIe siècle est une *histoire littéraire transnationale*, analysant les processus contradictoires de nationalisation des littératures, qui est l'une de ses identifications majeures dans la période.

Pour la littérature de langue française, de nouvelles perspectives transnationales ont été élaborées[20], « intégrant[21] » en particulier les minoritaires qu'ont été les sujets de l'Empire, les écrivains migrants[22], dans un « système[23] » ou un « espace[24] » littéraire francophone. De semblables recherches existent dans le domaine arabe[25] ou encore indien[26]. Le transnational est cependant un aspect négligé par les histoires littéraires et les études de sociologie de la littérature sur le Maghreb qui se sont multipliées ces dernières années :

18. H. K. Bhabha, *Les Lieux de la culture*, *op. cit.* Ottmar Ette, *TransArea: Une histoire littéraire de la mondialisation*, traduit par Chloé Chaudet, Paris, Classiques Garnier, 2019.
19. Jean-Loup Amselle, *Logiques métisses : Anthropologie de l'identité en Afrique et ailleurs*, Paris, Payot, 1990.
20. Alec G. Hargreaves, Charles Forsdick et David Murphy (dir.), *Transnational French Studies: Postcolonialism and Littérature-monde*, Liverpool, Liverpool University Press, 2010. Christie V. McDonald et Susan Rubin Suleiman (dir.), *French Global : une nouvelle perspective sur l'histoire littéraire*, Paris, Classiques Garnier, 2015.
21. Anthony Mangeon, « Pour une histoire littéraire intégrée (des centres aux marges, du national au transnational : littératures françaises, littératures francophones, littératures féminines) » dans *La Littérature africaine francophone, mesures d'une présence au monde*, Dijon, Presses Universitaires de Dijon, 2015, p. 87-104.
22. Clément Moisan et Renate Hildebrand, *Ces étrangers du dedans : une histoire de l'écriture migrante au Québec (1937-1997)*, Québec, Editions Nota bene, 2001.
23. Pierre Halen, « Constructions identitaires et stratégies d'émergence : notes pour une analyse institutionnelle du système littéraire francophone », *Études françaises*, vol. 37, n° 2, 2001, p. 13-31.
24. Claire Ducournau, *La Fabrique des classiques africains : écrivains d'Afrique subsaharienne francophone (1960-2012)*, Paris, CNRS éditions, 2017.
25. Ottmar Ette et Friederike Pannewick (dir.), *ArabAmericas: Literary Entanglements of the American Hemisphere and the Arab World*, Frankfurt am Main, Vervuert, 2006.
26. Claire Joubert et Laetitia Zecchini, « Problèmes d'histoire littéraire indienne », *Revue de littérature comparée*, vol. 4, n° 356, 2015.

elles se concentrent chaque fois sur un seul territoire, qu'il soit maghrébin[27] ou étranger (en l'occurrence français[28]).

Afin de poursuivre l'ambition éthique d'« humanisme intégral » envisagé par Schwab, nous ne montrerons donc pas un processus linéaire d'intégration culturelle de l'Autre radical. Au contraire nous montrerons les tensions permanentes dans la définition nationale de soi et de l'autre, d'autant plus complexe que la différence avec l'autre est délicate : soit le cas postcolonial et « arabe » de l'Algérie, indépendante de la France depuis 1962. L'histoire de la littérature algérienne n'est pas celle d'une intégration progressive d'un monde qui lui serait étranger. Une histoire littéraire transnationale de l'Algérie, comme d'un autre pays postcolonial, montre au contraire les débats et réalisations contradictoires pour tout à la fois définir une spécificité nationale, tout en la faisant participer à une littérature « universelle » ou encore internationale. Face à une pensée universaliste, « intégraliste », au risque de la disparition de toute spécificité dans un marché littéraire mondial où l'ancienne métropole joue un rôle majeur, s'est développée une pensée « intégriste », si par mauvais jeu de mot on emprunte ce terme au mouvement islamiste qui a porté à son extrême l'idée d'une définition arabo-musulmane stricte de la littérature algérienne.

Ainsi, la littérature algérienne a été nationalisée au cours de la première moitié du vingtième siècle, en parallèle des processus politiques conflictuels d'indépendance et de définition d'une identité nationale. Le champ littéraire algérien, transnational, oppose deux pôles littéraires et politiques qui ont un rapport différent au national et à l'international ; mais tout en ayant des pratiques toujours hybrides. Depuis les années 1990 qui ont vu se développer une pensée « intégriste » de la littérature algérienne, la littérature algérienne a été dans le même temps fortement intégrée à la mondialisation par le biais de la France, tout en renforçant, paradoxalement, sa nationalisation.

Une définition conflictuelle et transnationale de la « littérature algérienne »

Loin d'être évidente, la « littérature algérienne » a été l'objet de conflits permanents entre les divers acteurs et institutions du champ littéraire dans un espace transnational[29].

27. Hadj Miliani, *Une littérature en sursis ? Le champ littéraire de langue française en Algérie*, Paris, L'Harmattan, 2002. Abir Kréfa, *Écrits, genre et autorités, Enquête en Tunisie*, Paris, ENS éditions, 2019.
28. Kaoutar Harchi, *Je n'ai qu'une langue, ce n'est pas la mienne: des écrivains à l'épreuve*, Paris, Pauvert, 2016. Ewa Tartakowsky, *Les Juifs et le Maghreb : fonctions sociales d'une littérature d'exil*, Tours, Presses universitaires François-Rabelais, 2016.
29. Tristan Leperlier, « Camus et la "littérature algérienne" : construction d'une notion stratégique dans l'espace littéraire francophone », *French Politics Culture and Society*, vol. 35, n° 3, 2017, p. 68-90.

La question de la nationalisation : différentiation métissée et universalisme assimilateur

Contrairement au modèle d'une Renaissance orientale allant dans le sens d'une ouverture universelle à l'autre, les débats algériens de l'époque coloniale, contemporains de Schwab, montrent une plus grande confusion entre universalisation littéraire et métissage. La littérature de la période coloniale en Algérie hésite entre différentiation métissée et universalisation assimilationniste, opposant le mouvement algérianiste à l'École d'Alger de Camus.

L'épithète « algérien » pour qualifier la littérature produite en Algérie apparaît pour la première fois chez des Européens d'Algérie, dans un contexte tout à la fois de revendication d'autonomie politique du colonat, à la faveur d'émeutes antisémites, et du développement du mouvement régionaliste en France, ainsi que de la littérature coloniale. L'histoire littéraire considère généralement que l'un de ses initiateurs est Robert Randau, né en 1873 à Alger, fonctionnaire colonial, qui fonde l'Algérianisme. Ce mouvement littéraire se veut autant politique qu'esthétique, puisque l'affirmation d'un style propre est un moyen d'affirmer une spécificité « nationale ».

On ne retrouve pas strictement chez cet arabisant passionné d'ethnologie le discours raciste de la plupart des algérianistes et de leur figure tutélaire qu'est Louis Bertrand[30]. Au contraire, il est favorable à la « fusion des races ». À l'image des « renaissants orientaux » décrits par Schwab, Randau use d'une rhétorique énergétique et viriliste du primitif, et, selon Marius-Ary Lebond son préfacier, « montre notre race qui se virilise au contact de l'Afrique rude » qui « a en horreur les sentimentalités européennes et l'idéal classiciste qui anémient la France » : la nouvelle « Renaissance française » est selon lui une « renaissance latino-sémite »[31]. Cependant cette pensée du métissage, qui n'a jamais été incompatible avec l'entreprise coloniale[32], conserve l'idée d'une hiérarchie[33]. Il souhaite voir surgir un « futur peuple franco-berbère, de langue et de civilisation française[34] », qui s'inscrive dans l'« Afrique latine » de Saint Augustin, et promouvant sa part berbère pour mieux rejeter sa part arabe. Loin d'être nécessairement un horizon universaliste, le métissage est ici l'autre nom de la domination politique.

30. János Riesz, « Regards critiques sur la société coloniale à partir de deux romans de Robert Randau et de Robert Delavignette », in Jean-François Durand (dir.), *Regards sur les littératures coloniales*, Paris/Montréal, L'Harmattan, vol. 2. Afrique francophone. Approfondissements, 1999, p. 51-75.
31. Robert Randau, *Les Colons, Roman de la patrie algérienne* [1907], Paris, Albin Michel, 1926, p. 9-11.
32. Laurent Dubreuil, *L'Empire du langage : colonies et francophonie*, Paris, Hermann, 2008.
33. Peter Dunwoodie, *Writing French Algeria*, Oxford, Clarendon Press, 1998.
34. Robert Randau, « Préface », in *Treize poètes algériens*, Alger, Association des écrivains algériens, 1920.

Cependant cette recherche de différence par rapport à la littérature française, avec la création d'institutions spécifiques, reste dans l'ensemble dans le cadre français, en cela proche du régionalisme[35]. L'algérianisme est autant l'expression littéraire d'une idéologie nationaliste à « coloration raciale[36] » que la manifestation régionalisée d'une marginalité littéraire. En effet, souvent fonctionnaires coloniaux nés en Métropole, ils ne participent pas et n'ont pas la reconnaissance pleine du milieu littéraire français centré à Paris.

Le groupe de l'École d'Alger, organisé dans les années 1930 autour de l'éditeur-libraire Edmond Charlot et d'Albert Camus, rejette cette recherche de différenciation fondée sur un métissage raciste, et développe au contraire une pensée de l'universel, mais un universel centré à Paris[37].

Le rejet d'une littérature nationale est formulé ainsi par Gabriel Audisio dans « Algérie littéraire », présenté *a posteriori* comme manifeste de l'École d'Alger : « des écrivains algériens, oui ; une littérature algérienne, non[38]. » La recherche de « l'universel » est très présente chez Camus, tant dans l'« écriture blanche », non localiste, de *L'Étranger*, que dans sa publication chez Gallimard. Cette position littéraire va de pair avec une position politique progressiste, proche du Front populaire, et, en contexte algérien, une attitude « indigénophile ». Dans les années 1930, ce progressisme, et ce rattachement proclamé à l'universel de la littérature française, passent par la promotion d'une identité moins algérienne que méditerranéenne[39].

Libérale, la Méditerranée de l'École d'Alger n'en est donc pas moins ambiguë sur la question des musulmans, hésitant entre cloisonnement respectueux des communautés et assimilation. Lors de sa conférence à Maison de la culture d'Alger en 1937, Camus déclare : « L'Afrique du Nord est un des seuls pays où l'Orient et l'Occident cohabitent. Et à ce confluent, il n'y a pas de différence entre la façon dont vit un Espagnol ou un Italien des quais d'Alger, et les Arabes qui les entourent[40]. » Loin d'une pensée de métissage, cette « cohabitation » semble même être symptomatique d'un imaginaire inquiet, voire obsidional.

Reprenant à son compte l'expression des « siècles obscurs » islamiques (de l'historien colonialiste Émile-Félix Gauthier) pour désigner

35. Anne-Marie Thiesse, *Écrire la France : le mouvement littéraire régionaliste de langue française entre la Belle Époque et la Libération*, Paris, Presses Universitaires de France, 1991.
36. Georges Balandier, « La situation coloniale : approche théorique », *Cahiers internationaux de sociologie*, vol. 11, 1951, p. 44-79.
37. P. Casanova, *La République mondiale des lettres*, *op. cit.*
38. Gabriel Audisio, « L'Algérie littéraire », dans *Encyclopédie coloniale et maritime*, Paris, 1943 ; article déposé en feuillets séparés à la BNF, p. 14.
39. M. Dobie, « For and against the Mediterranean: Francophone Perspective », *art. cit.*
40. « La culture indigène, la nouvelle culture méditerranéenne », *Jeune Méditerranée*, bulletin mensuel de la Maison de la Culture d'Alger (avril 1937), repris dans Albert Camus, *Essai*, Paris, Gallimard, « Bibliothèque de la Pléiade », 1967, p. 1324-1325.

la « période indigène » de « l'Algérie littéraire », Gabriel Audisio voit dans l'assimilation par le français le salut de ceux-ci : « Le *Te Deum* de la conquête d'Alger, en 1830, sonne l'heure de l'Algérie, la vraie, celle qui porte ce nom dans l'histoire : elle naît à la littérature française[41]. » Le libéralisme littéraire du groupe, qui reconnaît en son sein Jean Amrouche, Mouloud Feraoun ou Mohammed Dib, a pour contrepartie la négation de leur spécificité non seulement littéraire mais également identitaire, au profit de l'inclusion dans la vaste et « universelle » littérature française, centrée chez Gallimard.

L'invisibilité de la littérature arabe dans l'œuvre de Schwab peut s'expliquer en partie par le fait que ces quelques écrivains musulmans d'Algérie qui commencent alors à publier en France sont moins perçus comme des Autres absolus, que comme participant à l'universel français. Dans ce contexte d'une alternative entre une pensée raciste du métissage et une pensée prônant un universel assimilateur, l'intégration de l'Autre pour changer le Même, proposée par Schwab, apparaît pleinement originale.

Une différentiation ethnique et linguistique

Loin de revendiquer le métissage, l'ouverture à l'Autre, la période de décolonisation pendant laquelle Schwab publie *La Renaissance orientale* est au contraire une période de forte construction de l'altérité. La littérature d'Algérie est ainsi nationalisée, puis ethnicisée, et arabisée. Ce triple processus n'est pas tant l'expression d'une irréductibilité locale que le résultat de débats transnationaux.

La nationalisation de la littérature algérienne est allée de pair avec le mouvement de libération nationale, tout en reprenant certaines des institutions mises en place par le mouvement algérianiste : l'Union des écrivains algériens prend ainsi la suite de l'Association des écrivains algériens (le poète Jean Sénac faisant le lien entre les deux). Pour autant un écrivain comme Mohammed Dib, fervent nationaliste mais formé à l'École d'Alger, se considérait encore en 1958 comme un « écrivain français » parce qu'écrivant en français, et évitant ainsi « l'écueil du régionalisme[42] ».

Le débat sur la définition de l'« écrivain algérien » a opposé les tenants d'une conception politique et ethnique de l'algérianité : fallait-il avoir choisi politiquement l'Algérie au moment de l'Indépendance, ou être arabo-berbère ? C'est cette dernière solution qui a prévalu, suivant en cela la tendance générale de la réduction de la nationalité à des critères ethniques directement hérités des structures juridiques racialisées de la

41. G. Audisio, « L'Algérie littéraire », *art. cit.*, p. 10-11.
42. Entretien avec Jean Carta, *Témoignage chrétien*, 7 février 1958.

colonisation[43]. Tandis que les anciens « Musulmans » se voient automatiquement attribuer la nationalité algérienne, les Européens doivent faire de nombreuses démarches pour prouver leur participation à la guerre d'indépendance.

Cette nationalisation et ethnicisation de la littérature algérienne s'est faite à un niveau transnational, rejetant un certain nombre d'écrivains vers la « littérature française » nouvellement définie. Privée des écrivains de ses anciennes colonies, elle perd sa définition purement linguistique (littérature de langue française), se nationalise et s'ethnicise également en littérature européenne blanche de langue française. Le « groupe de recherche sur la culture maghrébine » installé à l'EPHE autour de l'écrivain tunisien Albert Memmi, composé de Français comme de Maghrébins (Jacqueline Arnaud, Jean Déjeux, Abdelkebir Khatibi, Arlette Roth), image d'un consensus s'installant de part et d'autre de la Méditerranée entre « progressistes » sur ces débats, est le premier à imposer, depuis Paris, une des définitions nouvelles des littératures à l'ère post-coloniale. Aux éditions Présence Africaine, marquées par l'anticolonialisme et le tiers-mondisme, ce groupe de recherche publie en 1964 une *Anthologie des écrivains maghrébins d'expression française*, puis en 1969 une *Anthologie des écrivains français du Maghreb*. Si d'autres anthologies promeuvent une définition politique de la littérature algérienne, comme *Le Diwan algérien* de Jamel-Eddine Bencheikh et Jacqueline Lévi-Valensi paru à Alger à la Société nationale d'édition et de diffusion (SNED) en 1967, c'est la bipartition ethnicisée qui emporte les croyances jusqu'à aujourd'hui. Ce processus d'ethnicisation de la littérature algérienne atteint son point culminant avec l'annexion à la littérature algérienne non seulement des émigrés, mais encore de leurs enfants, ceux que l'on commence à nommer « Beurs[44] » dans les années 1980, fût-ce avec des réserves[45].

L'arabisation de la littérature algérienne ne relève pas uniquement d'un processus de différentiation d'avec la littérature française, mais également d'assimilation à la littérature arabe. C'est parmi les intellectuels de langue arabe que s'est développée, dès l'entre-deux-guerres, l'idée d'une « littérature algérienne », séparée de la « littérature française », tout en étant inscrite au sein de la « littérature arabe » (*al-adab*[46], pensée

43. Pierre-Jean Le Foll-Luciani, « Algériens non-musulmans à l'épreuve de l'indépendance », *Laviedesidées.fr*.
44. Kenneth Olsson, *Le Discours beur comme positionnement littéraire : romans et textes autobiographiques français (2005-2006) d'auteurs issus de l'immigration maghrébine*, Stockholm, Suède, Stockholms universitet, 2011. Alec Gordon Hargreaves, *Immigration and identity in Beur fiction: voices from the north-africain immigrant community in France*, Oxford/New York, Berg, 1997.
45. Charles Bonn, *Anthologie de la littérature algérienne : 1950-1987*, Paris, Le Livre de poche, 1990. Christiane Chaulet-Achour, *Anthologie de la littérature algérienne de langue française*, Paris/Alger, Bordas/ENAP, 1990.
46. Francesco Gabrieli, « Adab », in P.-J. Bearman *et al.* (dir.), *Encyclopédie de l'Islam*, Leyde, Brill, 2010, online.

comme nécessairement arabe). On trouve ainsi, dans les pages du journal *Al-Baṣ-ā'ir*, organe de l'Association des oulémas musulmans algériens (AOMA), l'usage, dans le numéro du 17 mars 1936, de l'épithète « algérien » (*al-adab al-ğazā'irī*), tandis que le numéro du 11 septembre 1936 publie le « grand poète d'Égypte » Aḥmad Maḥram (*šā'ir miṣr al-kabīr*). Tandis que la « littérature française » se décomposait au fur et à mesure des décolonisations, la littérature arabe, vivifiée par l'idéologie panarabe, restait définie par le seul critère linguistique, tout en étant compatible avec le développement de littératures nationales. Pour autant l'intégration de la littérature algérienne dans la littérature arabe ne va pas entièrement de soi. L'écrivain Waciny Laredj évoque l'« ostracisme[47] » dont les Maghrébins seraient victimes dans les capitales littéraires du Proche-Orient. L'écrivain Mohamed Sari[48] rapporte quant à lui qu'en 2000 l'Union des écrivains arabes (Damas) lui avait demandé de retirer les passages en dialecte algérien du manuscrit d'*Al-Waram* : cela était pourtant courant pour les autres dialectes depuis Naguib Mahfouz. L'une des anthologies de référence des écrivains de langue arabe publiée Beyrouth en 1996, *Contemporary Arab Writers*, ne donnait, sur plusieurs centaines de noms que 23 Marocains, 19 Tunisiens, et 7 Algériens (pour des populations sensiblement égales pour le Maroc et l'Algérie, et très largement inférieure pour la Tunisie).

Alors que l'arabe avait été décrété langue étrangère en 1933, elle devient seule langue nationale à l'Indépendance. La littérature algérienne subit rapidement une politique d'arabisation. À court terme, cette dernière passe par la promotion à des postes politiques et culturels d'écrivains de langue arabe ; l'encouragement par des prix, des revues ; la publication prioritairement en arabe de la SNED. À long terme, elle passe par l'arabisation de l'école. À moyen terme, elle passe par l'injonction des écrivains à s'arabiser : malgré la culpabilisation temporaire des écrivains francophones dans les années 1960-1970, sous prétexte de l'« aliénation[49] » de leur pensée à l'ancien colonisateur du fait de leur langue d'expression, cette dernière arabisation est un échec, puisque pour ainsi dire aucun écrivain de langue française n'en vient à écrire en arabe. Les écrivains de langue arabe s'appuient sur cette politique pour redéfinir les frontières de la littérature nationale et de la littérature française à leur avantage. Profitant de son statut d'universitaire, le poète Abdallah Hammadi déclare en 1982 : « Je ne considère pas comme représentatifs de la littérature nationale les auteurs algériens qui ont écrit en français leurs œuvres [, et,] malgré tout son génie, *Nedjma* n'est pas une œuvre algérienne ![50] »

47. Entretien personnel, Oran, 6 novembre 2012.
48. Entretien personnel, Alger, 26 février 2013.
49. Tristan Leperlier, « D'Alger à Paris : des écrivains « aliénés » ? », *Littérature*, 2018, vol. 189, n° 1, p. 30-48.
50. Lors du festival de poésie Mohamed Laïd al-Khalifa à Biskra, cité dans « Les prémices d'un débat » Tahar Djaout et « La chaise et le poète » Mohamed Balhi, *Algérie Actualité* n°860, semaine du 8 au 14 avril 1982.

Cette arabisation s'impose également aux dépens des littératures en langues vernaculaires. L'affirmation d'une spécificité nationale contre la littérature française pendant la période coloniale était passée par la traduction en français et la mise en écrit de littératures orales : c'est le cas des *Chants berbères de Kabylie* traduit du kabyle par Jean Amrouche[51], ou des *Chansons des jeunes filles arabes* traduites de l'arabe dialectal par Mostefa Lacheraf[52]. La nationalisation de la seule langue arabe littéraire est allée de pair avec une folklorisation de la littérature en arabe dialectal, pourtant de longue tradition andalouse : lors des concours de poésie en arabe « populaire », organisés par des professeurs à l'université, eux-mêmes étant poètes en arabe littéraire, le « costume traditionnel » peut ainsi entrer en ligne de compte. La reconnaissance d'un statut littéraire à une œuvre orale et en langue dialectale n'est d'ailleurs pas acquise. Un enquêté se présentant à nous comme un « poète populaire » (*chāʿir chaʿbī*) nous avait raconté sa déception d'avoir été classé au début des années 1990 par l'Office national des droits d'auteur comme « auteur-compositeur-interprète » après avoir déposé une cassette de ses poèmes, et non comme « écrivain » : si l'institution a avalisé la définition spécialisée et livresque de la littérature qui a cours au niveau international, elle n'a pas supprimé d'autres conceptions locales de celle-ci. Dans les années 1980-1990, le terme de « poète » (et non de « chanteur ») utilisé pour qualifier quelqu'un comme le Kabyle Lounis Aït Menguellet, dont l'œuvre entière est chantée et instrumentée, était un acte politique fort pour l'affirmation d'une littérature kabyle, et donc d'une culture kabyle vivante à promouvoir au niveau national face à la politique linguistique favorable alors uniquement à l'arabe.

Ainsi au moment où Schwab publie *La Renaissance orientale*, le temps est moins à l'intégration universelle qu'à la construction des différences, et en particulier de la part des dominés politiques. L'évacuation qu'il fait de la politique et de l'histoire pour privilégier l'éthique l'empêche de prendre en considération ce mouvement de nationalisation des littératures postcoloniales.

Oppositions et hybridations entre national et international

Si l'on observe le champ littéraire algérien d'un point de vue synchronique, on peut affirmer qu'il est (comme tous les champs littéraires périphériques) structuré de manière transnationale, c'est-à-dire opposant un pôle national et un pôle international[53]. Malgré cette opposition, les pratiques montrent

51. *Chants berbères de Kabylie*, trad. Jean Amrouche, Tunis, Monomotapa, 1939.
52. *Chansons des jeunes filles arabes*, trad. Mostefa Lacheraf, Paris, Seghers, 1954.
53. Tristan Leperlier, « Un champ littéraire transnational ? Le cas des écrivains algériens », *Actes de la recherche en sciences sociales*, vol. 224, n° 4, *Champs intellectuels transnationaux* (G. Sapiro, T. Leperlier, A. Brahimi, dir.), 2018, p. 12-33.

aux deux pôles du champ tout autant d'hybridations entre « modèles » internationaux et nationaux[54].

Un champ littéraire transnational

Aux pôles national et international correspondent deux conceptions opposées de la littérature. Au pôle national, les écrivains, qui sont très majoritairement fonctionnaires, enseignants du secondaire ou du supérieur, estiment avoir une mission nationale. La littérature se doit de transmettre les valeurs nationales, que sont notamment la langue arabe et les valeurs morales et religieuses. Ils tiennent par ailleurs toute leur reconnaissance des institutions nationales : éditions, prix nationaux, Union des écrivains algériens... Quand ils sont internationalisés, c'est au travers d'institutions panarabes (Union des écrivains arabes), et sans traduction dans d'autres langues. À l'inverse, au pôle international, où l'on trouve les écrivains qui publient et parfois vivent à l'étranger, la littérature est conçue comme libre de toute prescription politique ou morale. La reconnaissance des auteurs de ce pôle est internationale, notamment par le biais de traductions.

Le caractère transnational du champ s'observe également dans l'importance accordée, dans les débats, à la valeur relative du « national » et de l'« international »[55]. Loin d'être comme chez Schwab une valeur positive en soi, l'international est en réalité un enjeu au sein du champ littéraire algérien. Une croyance largement partagée fait de la publication à l'international un gage de qualité littéraire et de « modernité ». C'est ce que nous expliquait un poète francophone qui n'avait pourtant publié qu'en Algérie : « Parce qu'en général les auteurs algériens, quand ils sont bons, ils publient de l'autre côté s'ils écrivent en français, en Orient à Beyrouth quand ils écrivent en arabe[56]. » Comme une réponse du berger à la bergère, s'est développée en contre-point un discours privilégiant l'opposition entre « aliénation » et « authenticité » : ceux qui publient à l'étranger perdraient leur authenticité nationale pour se conformer aux goûts de l'Autre, de l'étranger. Ainsi le journaliste Kamel Daoud écrivait dans les années 1990 que la littérature algérienne publiée en France était « une véritable mise en scène perpétuelle de soi-même et de son propre drame, simplifiés et vulgarisés pour la consommation de l'autre [...] Il ne peut y avoir de culture algérienne en exil en vérité[57]. »

54. Tristan Leperlier, « On Islands and Deserts: Algerian Worlds », *Journal of World Literature*, vol. 4, n° 1, « The Locations of (World) Literature: Perspectives from Africa and South Asia » (Francesca Orsini and Laetitia Zecchini dirs.), 2019, p. 215-236.
55. T. Leperlier, « D'Alger à Paris », *art cit.*
56. Entretien personnel, Alger, mai 2012.
57. Kamel Daoud, « L'identité en spectacle », *El Watan*, 27 mai 1997.

Hybridité transnationale des pratiques

Dans la pratique des écritures cependant, l'opposition entre le pôle national et international est moins nette. Qu'elles soient publiées en Algérie ou à l'étranger, les œuvres sont généralement des Janus, avec un double destinataire. Cela est pleinement assumé dans le sous-champ de langue arabe. Tahar Ouettar expliquait ainsi : « Il ne nous est pas possible de séparer l'Algérie du monde arabe [...] Lorsque j'écris, j'ai à l'esprit le lecteur de Bahrein, de Libye, etc.[58] » Cela est beaucoup moins reconnu dans le sous-champ de langue française, l'accusation d'aliénation étant d'autant plus forte que les écrivains publient dans l'ancienne métropole. Pourtant, rares sont les œuvres publiées à l'étranger à ne pas être inscrites dans un cadre socio-historique algérien, intéressant au premier chef un lecteur algérien. Même quand ce n'est pas le cas, comme pour certains best-sellers internationaux de Yasmina Khadra (en français) ou d'Ahlam Mosteghanemi (en arabe), ce succès se retrouve parfaitement en Algérie, preuve qu'ils ne sont pas perçus par le public algérien élargi comme « aliénés » du fait de leur réussite commerciale. De manière plus surprenante, les œuvres publiées en Algérie, et n'ayant aucune chance d'être exportées, postulent également un lecteur étranger. C'est le cas dans de nombreux romans francophones qui intègrent un personnage de « beur », procédé permettant de donner des explications socio-historiques sur le pays de manière vraisemblable. Les langues parlées, arabe ou amazighe, qui émaillent le roman publié en Algérie, sont généralement explicitées, en particulier en français mais également en arabe standard.

Plus encore, d'un point de vue stylistique, les œuvres des écrivains algériens apparaissent souvent comme des hybrides entre des modèles *identifiés comme* locaux et étrangers. L'éditeur français de Kateb Yacine présente ainsi *Nedjma*, construisant dans un même mouvement la différence culturelle (arabe) *et* l'hybridité de ce texte entre « Occident » et « Orient » :

> Conçu et écrit en français, *Nedjma* reste une œuvre profondément arabe, et sur laquelle on ne peut porter un jugement valable si on la sépare de la tradition à laquelle, jusque dans ses reniements, elle ne cesse d'appartenir. [...] Le rythme et la construction du récit, s'ils doivent quelque chose à certaines expériences romanesques occidentales, — ce que nous ne contestons pas — résultent surtout d'une attitude purement arabe de l'homme face au temps[59].

Dans les années 1970-1980, les écrivains du pôle international, en particulier dans le sous-champ de langue française, recherchent activement des formes d'expression spécifiquement arabes, tout en étant inscrites dans la « modernité » internationale. C'est le cas de la revue marocaines *Souffles*, dont

58. « L'as de cœur », entretien de Rédha Belhadjoudja avec Tahar Ouettar, *Horizons*, n° 12, décembre 1987.
59. « Avertissement » à la première édition de *Nedjma*, Paris, Éditions du Seuil, 1956.

les contributeurs développent des expérimentations formelles et langagières favorisant l'interlangue français-arabe (*L'Amour Bilingue* chez le Marocain Khatibi), parfaitement en phase avec l'avant-garde française de revues comme *Tel Quel*. Le « Boom latino-américain » constitue un modèle pour de nombreux écrivains du pôle international, car il est l'exemple d'un succès international remporté par des écrivains périphériques ayant cherché à développer une forme présentée comme spécifique, autour du réalisme magique. Rachid Boudjedra publie ainsi en 1979 chez Denoël, à Paris, *Les 1001 années de la nostalgie*, dont le titre constitue une forme de manifeste littéraire, en faisant du modèle narratif spécifiquement arabe que seraient *Les Mille et une nuits* l'équivalent du réalisme magique de Gabriel Garcia Marquez. Cette tendance obtient un certain succès en France. C'est le cas de *La Nuit sacrée* du Marocain Tahar Ben Jelloun, qui revisite le conte populaire arabe et reçoit le prix Goncourt en 1987 ; ou de *L'Honneur de la tribu* de Rachid Mimouni deux ans plus tard. Dans ce dernier roman, la thématique de la modernisation violente de l'Algérie, observée dans un village resté hors du temps, permet la friction de styles se contestant les uns les autres. De même que modernité et tradition sont rejetées, réalisme et légendaire se tournent mutuellement en dérision[60]. Mais le succès de ces romans, malgré leur recherche d'hybridité, a été critiquée. Graham Huggan parle pour ce type de texte d'« exotisme stratégique », fondé sur une ambiguïté entre la recherche de rupture postcoloniale, et l'intégration au marché européen[61].

Au pôle national également l'hybridité est de mise, même chez ceux qui tiennent les discours les plus hostiles à l'importation de modèles étrangers. Présentée par ses promoteurs comme une littérature d'« authenticité », la littérature islamique (*adab islamī*) n'est pas moins que les autres le produit de circulations et de réappropriations, non seulement dans le monde arabe et en particulier au Maghreb dans les années 1990 (groupe marocain *al-meškāt*, association *al-ibda'* [Ibdaâ] en Algérie), mais également avec les littératures européennes. L'hostilité entre communistes et islamistes a conduit à la réappropriation par ces derniers d'une partie de leur conception de la littérature, issue de l'« Occident » marxiste. Ce marxisme littéraire était en réalité bien arabe : la notion de « réalisme socialiste » (*waqi'iyya ištirākiyya*) avait été introduite en Algérie par Tahar Ouettar à la suite du Syrien Ḥannā Mīna, qui avait été le premier à utiliser la notion dans le monde arabe en 1954. Professeur à l'université puis mufti au sein de l'Armée islamique du salut dans les années 1990, Aïssa Lhileh est avant tout poète, ne publiant que des poèmes de la facture la plus classique (*'amudi*). Dans les années 1990, il promeut une littérature islamique, reprenant à son compte la critique sociologique marxiste selon laquelle la littérature est l'expression d'une idéologie, et assume pleinement la fonction politique de la littérature islamique :

60. Tristan Leperlier, « Le sacrifice de la littérature : Heur(t)s et malheurs d'une littérature engagée après 1988 », dans Patrick Voisin et Amel Maafa (dir.), *(Re)lire Rachid Mimouni : entre hier et demain !*, Paris, Classiques Garnier, [à paraître en 2020].
61. Graham Huggan, *The Postcolonial Exotic: Marketing the Margins*, London/New York, Routledge, 2001.

> La littérature islamique, avant d'être un art, des paroles, des sonorités, est une idée, [qui] dérive d'une croyance ou d'une religion, et tandis que l'on reconnaît l'existence d'une littérature de gauche représentée par la littérature du réalisme socialiste [...], pourquoi ne reconnaît-on pas l'existence d'une littérature islamique[62] ?

En 2002 il publie un roman, *Kirāf al-Khaṭāyā* (*Désir de péché*) : tout en introduisant ce genre d'origine occidentale dans l'univers littéraire islamique algérien, il y dénonce l'hypocrisie du monde moderne et l'occidentalisation des valeurs, en usant d'une langue fortement empreinte de formules coraniques. Dernier paradoxe, son livre est publié au sein de l'association *El-Djahidhia* par son président Tahar Ouettar, écrivain marxiste introducteur du roman dans la littérature algérienne de langue arabe dans les années 1960, de l'étiquette de « réalisme socialiste », et promoteur d'une laïcisation de la langue arabe dans la littérature. C'est également au sein d'*El-Djahidhia*, surnommé *El-Djihadia* (en référence au *djihad*) par ceux qui reprochent à Ouettar sa collusion avec les islamistes, que des jeunes écrivains du groupe littéraire islamique *Ibdaâ* découvrent des auteurs et théoriciens étrangers (et en outre juifs, comme Kafka ou Derrida), et en viennent à fonder une association littéraire d'avant-garde, *El-Ikhtilef*.

Observer les littératures postcoloniales nécessite non pas seulement d'observer leur *intégration* à un universel littéraire, ou leur manière d'intégrer les modèles internationaux, comme le font Schwab ou certaines approches de *World literary studies* (Damrosch, Moretti). Une histoire littéraire transnationale se doit de prendre en compte le national et l'international tout à la fois comme des enjeux conflictuels dans un champ local, et comme des ressources en permanence hybridées dans les pratiques.

Une intégration ambivalente à la mondialisation

Du fait de la guerre civile, la décennie 1990 est une période de très forte internationalisation de la littérature algérienne. Cependant, la mondialisation ne signifie pas nécessairement l'hybridation des identités nationales. Au contraire, l'internationalisation de la littérature algérienne est allée paradoxalement de pair, à court terme, avec sa forte nationalisation. À la fin de la guerre, l'espace littéraire national s'est reconstruit tout à la fois avec et contre le pôle international (français) du champ. À plus long terme seulement, cette internationalisation a eu un effet sur les définitions nationales des canons littéraires français et algériens.

62. Entretien avec Yazid Bouanane, http://www.chihab.net/modules.php?name=News&file=article&sid=867, consulté le 20 mai 2015. Notre traduction.

Inter/nationalisation

Trois indicateurs permettent de parler d'internationalisation de la littérature algérienne. Premièrement, un quart[63] des écrivains s'est exilé pendant la période, pour la plupart en France : pendant les années 1990, c'est jusqu'à un tiers de tous les écrivains algériens qui vivent en France. Deuxièmement, l'édition de la littérature algérienne de langue française, particulièrement touchée par la crise politique et économique, s'est comme délocalisée en France, avant de s'y épanouir. Entre 1993 et 1995, tandis que le nombre de nouvelles publications littéraires s'effondrait en Algérie (de 30 à 4 par an), il doublait en France (de 18 à 38). À cette « offre » d'œuvres algériennes s'est ajoutée ensuite une « demande » des médias et éditeurs français, portant le nombre d'œuvres publiées en France à une moyenne de 55 par an. C'est dans cette période que le roman, genre privilégié de la mondialisation, s'impose dans le sous-champ algérien de langue française. Dans le sous-champ de langue arabe en revanche, la crise économique du pays redonne aux courts recueils de poème leur place prédominante par rapport au genre nouveau qu'est le roman. La crise politique ne contribue que peu à l'internationalisation de cette littérature (le nombre de titres publiés à l'étranger reste stable, entre 3 et 4 par an), exception faite du phénomène Ahlam Mosteghanemi qui, publiant à Beyrouth à partir de 1993, donne une visibilité tout à fait inédite à la littérature algérienne dans le monde arabe. Mais c'est essentiellement par le filtre de la France (et donc du français) que s'opère cette internationalisation, qui passe, troisièmement, par le développement considérable des traductions (en particulier en allemand, italien, et anglais).

Paradoxalement, cette internationalisation est allée de pair avec une forte nationalisation du contenu des œuvres, du fait de l'engagement politique des écrivains. C'est le cas en particulier chez les exilés : ayant dû quitter le pays du fait des menaces pesant sur eux, ils sont d'autant plus actifs politiquement, et se revendiquent « témoins[64] » de la situation. Alors qu'il avait entrepris depuis le milieu des années 1980 un cycle scandinave souvent appelé « tétralogie nordique », Mohammed Dib replace à nouveau l'action de sa prose des années 1990 en Algérie, que ce soit dans son recueil de nouvelles *La Nuit sauvage* (1995) ou dans le roman *Si Diable veut* (1997). La nationalisation de la littérature algérienne est également la conséquence de sa réception à l'étranger. L'intérêt pour la crise politique algérienne a conduit éditeurs et médias à solliciter les écrivains algériens. Jusqu'ici largement considérés d'un point de vue culturel (maghrébin, arabe), les écrivains algériens ont

63. Les chiffres donnés dans cette section sont issus de deux bases de données originales, l'une prosopographique portant sur 174 écrivains en activité dans les années 1990, l'autre bibliographique portant sur 2000 œuvres littéraires dans la même période. Pour plus de détails, voir Tristan Leperlier, Algérie, *Les écrivains dans la décennie noire*, *op. cit.*
64. Tristan Leperlier, « Témoins algériens de la "décennie noire" en France : Sociologie d'une de/valorisation transnationale », *Europe*, n° 1041-1042, « Témoigner en littérature » (sous la direction de Frédérik Detue et Charlotte Lacoste), 2016, p. 178-191.

été nationalisés, étiquetés prioritairement comme « algériens » : c'est ainsi qu'ils sont présentés dans les paratextes et entretiens. Secondairement ils ont été étiquetés comme « musulmans », spécialistes du fait musulman, du fait des enjeux politiques autour de l'islam en France et en Europe. La diffusion internationale de la littérature algérienne s'est ainsi accompagnée de sa nationalisation symbolique.

Renationalisation par l'international

À rebours, la « renationalisation » concrète de la littérature algérienne de langue française à la fin de la guerre s'est faite dans un rapport ambivalent au pôle international du champ littéraire, c'est-à-dire au pôle « français ».

Le cas de la revue *Algérie Littérature/Action* (*ALA*) montre les difficultés et les ambiguïtés de cette « renationalisation ». Fondée en 1996 à Paris, elle était destinée à recréer un espace littéraire proprement algérien en France. Forte du soutien symbolique de prestigieux intellectuels français et algériens (Jacques Derrida, Assia Djebar...), et du soutien économique de l'État français par le biais de diverses subventions aux associations ou aux périodiques, elle devient le centre de gravité du sous-champ algérien de langue française. La fin de la guerre conduit cependant à un retrait de ses soutiens symboliques, tandis que les bailleurs de fonds publics incitent à la « francisation » de la revue, et à l'intégration plus systématique des « littératures beur ». Dans le même temps, la revue tente de transférer son succès français en Algérie, de faire de la centralité symbolique acquise en France une centralité éditoriale au pays. Pour ce faire, elle crée à Alger une maison d'édition « sœur », Marsa, qui republie en volume les œuvres publiées d'abord dans *ALA* à Paris. Avec l'aide des services diplomatiques français, Marsa obtient également des cessions de droits de romans algériens précédemment publiés par de grandes maisons d'édition françaises. Ainsi, la renationalisation matérielle de la littérature francophone au pôle national du champ littéraire a été réalisée principalement grâce à la diplomatie d'influence française (et aux subventions publiques françaises maintenues en faveur de la revue parisienne *ALA*). Mais Marsa était à la fois trop grande et trop petite pour réussir à tenir sur le long terme : ses ambitions de s'imposer rapidement se heurtent à un marché étroit et des défaillances professionnelles, provoquant des pertes qu'elle ne peut absorber.

À l'inverse, de nouvelles maisons d'édition comme El-Ikhtilef (arabophone) ou Barzakh (majoritairement francophone), fondées à Alger (1996 et 2000) se trouvent d'emblée en phase avec les conditions économiques et professionnelles locales. La stratégie d'affirmation de ce groupe d'avant-garde au pôle national passe par un discours de rejet du pôle international, et donc aussi contre Marsa qui le représentait en Algérie. Ils homogénéisent et stigmatisent la littérature publiée en France dans la décennie écoulée comme une « littérature de l'urgence » aliénée parce que soumise au marché français. Mais tout en critiquant le pôle international du champ pour s'affirmer au pôle national, ces nouveaux venus bénéficient des très importantes subventions franco-algériennes de l'Année de l'Algérie en France : en 2002-2003, c'est un tiers du catalogue littéraire de ces deux maisons d'édition qui a ainsi été financé. Cette internationalisation s'accentue par la suite avec des coéditions et des cessions de droits, El-Ikhtilef s'associant aux éditions libanaises d'El-Farabi et Barzakh aux éditions françaises de L'Aube et Actes Sud. *Meursault contre-enquête* de Kamel Daoud, vendu par Barzakh à Actes Sud en 2014, et largement traduit et récompensé dans le monde, est un cas exemplaire d'une réussite d'affirmation d'une position nationale passant désormais également par l'international.

Vers un canon franco-algérien ?

Si à court terme l'internationalisation de la littérature algérienne a plutôt comme effet le renforcement de sa nationalisation symbolique, à moyen terme cependant, elle a eu un impact sur les canons littéraires algériens et, dans une moindre mesure, français.

Les écrivains algériens francophones, et notamment ceux en exil en France pendant la guerre civile, ont contribué à la redéfinition de l'identité littéraire algérienne, contre l'identité arabo-musulmane officiellement promue depuis l'indépendance, et de manière « intégriste » par les islamistes dans les années 1980 et 1990. C'est pourquoi les anti-islamistes revendiquent la tolérance religieuse et la diversité culturelle, c'est-à-dire la reconnaissance nationale des langues française et berbère. Cet engagement s'est approfondi lors de leur exil en France, où ils s'identifient aux « pieds-noirs », qui multiplient les gestes de solidarité à leur égard : dans une triste ironie l'écrivain Anouar Benmalek parle de « Pied-gris », pour évoquer l'exil de la « matière grise » algérienne[65]. Contre l'historiographie nationaliste et islamiste, ils ont développé une définition plus inclusive et plurielle de la littérature algérienne[66]. C'est le cas en particulier au sein de la revue *Algérie Littérature/Action*, parrainée par de prestigieux intellectuels algériens, pied-noirs et pied-rouges (anciens coopérants) : « *Regard posé sur une Algérie d'aujourd'hui, d'hier, ou en devenir ; voix de celles et de ceux qui se reconnaissent comme Algériens de nationalité, de cœur ou d'esprit. L'Algérie, du dedans et du dehors, veut plus que jamais dire sa pluralité.* » Après la publication posthume du *Premier Homme* de Camus en 1994, l'écrivain natif de Belcourt revient au centre des débats identitaires algériens.

65. Anouar Benmalek, *Chroniques de l'Algérie amère : 1985-2011*, Alger, Casbah, 2011, p. 246.
66. Tristan Leperlier, « L'Algérie coloniale, ou l'Andalousie heureuse », *Socio-anthropologie*, 2018, vol. 37, 1 « Mémoires coloniales » (sous la direction de Sophie Poirot-Delpech et Pierre Bouvier), p. 107-121.

Ces débats ont eu un effet sur les discours officiels au sujet de l'identité nationale. Cette nouvelle définition de l'identité algérienne est promue par Abdelaziz Bouteflika lors de son arrivée au pouvoir à la fin de la guerre civile (1999). Il a mis en œuvre une politique souvent appelée « retour au français », renforcé les relations avec la diplomatie culturelle française (« Année de l'Algérie en France »). L'un de ses premiers actes symboliques a été l'ouverture d'une grande conférence sur Saint Augustin, affirmant une identité nationale comprenant des racines latines, européennes, et chrétiennes — avant de progressivement reconnaître la langue berbère (tamazight). Cependant, le canon littéraire algérien officiel n'a encore que peu changé. En 2013, pour le 100e anniversaire de la naissance de Camus, aucun événement officiel n'a été organisé, alors que c'était le cas dans le secteur privé, en particulier chez Barzakh avec *Meursault contre-enquête* de Kamel Daoud, et *Le Dernier été d'un jeune homme* de Salim Bachi.

Côté français, la présence massive de la littérature algérienne n'a pas directement changé le canon littéraire français, principalement en raison de l'identification nationale de cette littérature. Présents sur le marché français, les écrivains algériens exilés ne sont pas entrés dans le champ littéraire français : jusqu'à présent, ils sont à peine mentionnés dans les études de la littérature française contemporaine. Les écrivains des années 1990 apparaissent comme une génération sacrifiée : ils ont ouvert la voie à la reconnaissance des écrivains plus âgés, et principalement à deux écrivains, Kateb Yacine et Assia Djebar[67]. À l'occasion de l'« Année de l'Algérie en France », qui promeut officiellement la diversité culturelle et le métissage, l'œuvre de Kateb Yacine entre à la Comédie Française ; avant qu'il ne devienne en 2009 le premier écrivain maghrébin présenté au concours d'entrée à l'École Normale Supérieure de Lyon[68]. Quant à Assia Djebar, c'est après avoir été reconnue hors de France, notamment aux États-Unis, qu'elle est entrée en 2006 à l'Académie française. Les écrivains des années 90 ont également pavé la voie à des écrivains plus jeunes, qui ont commencé à publier à la fin de la guerre civile. Parmi les plus reconnus aujourd'hui, Boualem Sansal et Kamel Daoud vivent d'ailleurs tous deux en Algérie, tout en venant régulièrement à Paris. Une part de leur reconnaissance actuelle tient à leur engagement sur les questions de l'islamisme et de l'islam qui est aussi au cœur du débat politique français ; mais aussi à leur traitement de l'époque coloniale. Avant que Kamel Daoud ne réécrive *L'Étranger* de Camus[69], Boualem Sansal était entré chez Gallimard non seulement pour des raisons stylistiques mais aussi politiques. En entretien[70], son éditeur affirmait qu'il avait apprécié chez Sansal son refus d'une posture anti-colo-

67. K. Harchi, *Je n'ai qu'une langue*, *op. cit.*, p. 81-83.
68. Il avait été intégré au programme du secondaire en 1985, mais de manière seulement incitative.
69. Sylvie Ducas, « L'entrée en littérature française de Kamel Daoud : Camus sinon rien ! », *Littératures*, vol. 2, n° 73, 2015, p. 185-197.
70. Entretien personnel avec Jean-Marie Laclavetine, 4 septembre 2014.

niale systématique, pour tirer à boulets rouges sur tous. Ainsi les écrivains algériens les plus reconnus aujourd'hui sont aussi les plus « français ».

Conclusion

Une histoire littéraire transnationale de l'Algérie montre ainsi la permanence de débats tout à la fois littéraires et politiques entre les tenants d'un pôle international, partisan de l'« intégration » à un universel au risque de l'« aliénation » ; et ceux d'un pôle national, privilégiant la constitution parfois « intégriste » de la différence, au risque de la marginalisation « locale ». Pour autant les pratiques révèlent une hybridité permanente, dialectique, entre ces deux aspirations qui constituent le champ littéraire algérien. Cette dialectique entre intégration et intégrisme se retrouve dans l'histoire, en particulier dans le lien de la littérature algérienne à la littérature française. Tandis que les années 1950-1960 voient la nationalisation de la littérature algérienne, mais dans un contexte de circulations transnationales permanentes, les années 1990-2000 accélèrent l'intégration de la littérature algérienne à la mondialisation, tout en provoquant des réactions de nationalisation.

Soixante-dix ans après sa publication, *La Renaissance orientale* nous interpelle sur notre éthique scientifique. L'humanisme intégral auquel les chercheurs sont conviés reste parfaitement valable aujourd'hui, à certaines conditions. En centrant l'analyse, non seulement sur l'Europe intégrante, mais également sur le rapport des littératures postcoloniales à l'intégration de l'« étranger ». En rompant avec l'essentialisme qui fait de l'Inde l'Autre absolu de l'Europe, permettant de prendre en compte toutes les littératures, en l'occurrence du monde arabe, dans leur proximité et leur différence avec le reste du monde. Surtout, en sortant du culturalisme pour réintroduire la politique (l'identification nationale) ; en sortant de la téléologie irénique du métissage pour réintroduire l'histoire et ses tensions : soit en élaborant une histoire littéraire transnationale. Le Même et l'Autre, en l'occurrence le national et l'international apparaissent dès lors comme l'objet de constructions discursives mouvantes, de polarités au sein d'un champ littéraire, de ressources pour l'élaboration d'une littérature toujours hybride. L'histoire littéraire transnationale permet ainsi de réaliser l'éthique scientifique de l'humanisme intégral.

Tristan LEPERLIER
CNRS (THALIM)

Japon : « l'interlocuteur invisible ». L'absence du Japon dans *La Renaissance orientale* de Raymond Schwab

> « L'Asie est entrée dans la pensée de l'Europe comme un interlocuteur invisible[1]. »

Le Japon est pratiquement absent de *La Renaissance orientale* : alors même que, dès les premières lignes du livre, l'expression d'« extrême-orient » apparaît fugacement[2], l'archipel nippon n'y est en fait presque jamais évoqué, représentant paradoxalement la silhouette fantomatique de cet « interlocuteur invisible » dont parle Schwab à propos de « l'Asie » dans la pensée de l'Europe, au moment même où il s'applique à la dissiper.

Quelles sont les raisons qu'on peut trouver à cette absence, quel est le sens qu'on peut lui donner ? Il s'agira ici de penser l'absence du Japon en la replaçant dans un double contexte historique, celui du développement de la Renaissance orientale depuis le XVIIIe siècle, ainsi que celui de l'époque où Schwab élabore sa thèse au XXe siècle — mais aussi d'en tirer un questionnement sur le projet même de notre auteur : que nous apprend cette absence des circonstances historiques, de l'horizon épistémologique et des présupposés méthodologiques de *La Renaissance orientale* ? Plus profondément encore, que nous dit-elle de la construction, du développement et des limites de « l'humanisme intégral » ?

Comme dans toute disparition, il faut retrouver des traces, des indices, mais aussi un mobile. Pour ce faire, je procèderai en trois temps : dans une première partie, descriptive, je montrerai d'abord combien le Japon constitue

1. Raymond Schwab, *La Renaissance orientale* [1950], Paris, Payot / Rivages, « Payot Essais », 2014, p. 638. Toutes les citations se feront désormais en référence à cette édition.
2. *Ibid.* p. 15.

un *point aveugle* de l'essai de Schwab. Ce sera facile : l'archipel nippon y est à peine effleuré, et sa présence dans la pensée européenne jamais analysée. Puis, dans une deuxième partie, analytique, j'essaierai de cerner les raisons de cette absence : certaines sont évidentes, elles sont liées au temps (l'époque), à l'espace (la géographie, voire la géopolitique), ainsi qu'aux conditions de rédaction et de réception de *La Renaissance orientale*. D'autres sont plus subtiles et malaisées à découvrir : elles concernent la méthode même de Schwab et, pour tout dire, certaines des limites inhérentes à son projet.

Enfin, je conduirai la réflexion jusqu'à l'époque contemporaine, pour montrer comment certains auteurs japonais reprennent aujourd'hui, sans le savoir, certaines problématiques de *La Renaissance orientale* pour la pousser dans de toutes nouvelles directions.

*

Le Japon est un absent de taille de *La Renaissance orientale* : non qu'il y soit tout à fait ignoré, mais sa présence est si ténue qu'elle interroge, comme s'il était gardé *en lisière* de l'essai de Schwab. Dès la première ligne du livre, c'est l'Extrême-Orient tout entier qui est à la fois évoqué et évité : en le plaçant en symétrie avec le Proche-Orient, Schwab suggère qu'il ne s'agit là que d'une péripétie géographique, les deux régions environnant pour ainsi dire un Orient autrement essentiel[3]. Même esquive un peu plus loin (p. 35 et 41), lorsque apparaissent l'Extrême-Orient et même le Japon, nommément cité pour la première — et presque la dernière fois : il ne s'agit à chaque fois que de citations (l'une de Brunetière, l'autre de Bossuet), faites qui plus est en passant, comme si Schwab se contentait de survoler la question ou se retenait de prendre lui-même la parole à ce sujet. Alors même qu'il affirme qu'« il y a une Renaissance orientale » (c'est le titre de ce premier chapitre), et qu'il reproche à Bossuet d'avoir ignoré « les traditions rapportées par les missionnaires "des Indes, du Tibet, de la Chine, du Japon[4]" », Schwab ne sera en réalité guère plus disert sur l'Empire du Soleil Levant et sur l'Empire du Milieu, concentrant toutes ses forces sur l'Inde, comme le montre l'inflation des références dans les titres de chapitres : « Lamartine épanoui par l'Inde », « Hugo troublé par l'Inde », « Vigny tenté par l'Inde », « Michelet exaucé par l'Inde »...

Enfin, beaucoup plus loin, quand il reproduit une citation du *Pavillon sur l'eau* de Théophile Gautier (1846), Schwab le fait dans un contexte extrêmement dépréciatif : le Japon y est en effet littéralement décrit comme un pot de peinture utilisé pour « barbouiller » un texte « de couleur locale[5] ». Le titre

3. *Ibid.*, p. 15.
4. *Ibid.*, p. 41.
5. *Ibid.*, p. 558. Paradoxalement, il s'agit ici d'un « conte chinois », qui se déroule « dans la province de Canton » (Théophile Gautier, *Romans et Contes*, A. Lemerre, Paris, 1897,

du chapitre VI, où apparaît la citation, est lui-même éloquent : « Un externe-orient : l'exotisme ». Le Japon n'est donc pas seulement évoqué comme un « extrême-orient », mais bien comme un « externe-orient », à la faveur d'un jeu de mots qui le place d'emblée en dehors de la Renaissance orientale, et en le réduisant à « ce mince Orient du pittoresque » pour lequel Schwab marque un mépris très sensible. Si l'Extrême-Orient en général, et le Japon en particulier, sont si peu et si mal traités dans *La Renaissance orientale*, c'est manifestement parce qu'ils ne constituent qu'une variante mineure de l'Orient, dont l'Inde apparaît comme le représentant le plus important et le plus légitime.

Dès la préface de Louis Renou, une pique très appuyée contre Paul Claudel et son « incompréhension hargneuse[6] » de l'Inde nous avait fait dresser l'oreille et donné un début d'explication : parmi les noms propres assez nombreux cités dans cette préface, Claudel est en effet le seul à être convoqué si péjorativement. Or, on sait les liens de l'écrivain avec le Japon et la Chine, deux pays où il passa de nombreuses années, occupa des fonctions très importantes (consul de France en Chine, ambassadeur au Japon), et dont il se fit aussi le chantre inspiré[7]. Ainsi, dès les premières pages du livre, et assumée jusqu'au bout, s'esquisse une sorte de « fourche » à la fois très pointue et très tranchante : d'un côté, les connaisseurs et les émules de l'Inde, qui a droit à tous les honneurs, de l'autre ceux de la Chine et du Japon, le monde sinisé, « qui a trop eu pour représentants des paravents, des porcelaines et des poncifs de mascarades[8] ».

Cette prégnance, ou pour mieux dire cette *préséance* de l'Inde, est un parti-pris géographique de Schwab, mais elle est aussi renforcée par l'ancrage historique de son entreprise. Dans la préface, Renou dit un mot des bornes temporelles de l'analyse de la Renaissance orientale, et dévoile ce qu'il nomme « le premier dessein de Schwab » : « s'arrêter au tournant de 1870[9] ». Quant à Schwab, c'est la date de 1875 qu'il donne comme date-butoir[10]. Cette période de 1870-1875 est particulièrement intéressante : elle permet de comprendre

p. 385. La désinvolture de Gautier, assimilant le Japon et la Chine, donne plutôt raison à Schwab.

6. Louis Renou, préface à *La Renaissance orientale*, *op. cit.*, p. 11.
7. Sur Claudel et la Chine, voir notamment Pierre Brunel et Yvan Daniel (dir.), *Paul Claudel en Chine*, Rennes, Presses universitaires de Rennes, 2013 ; sur Claudel et le Japon, les deux livres de Michel Wasserman, *Paul Claudel et le Japon : D'or et de neige*, Paris, Gallimard, « Les Cahiers de la NRF », 2008, et *Claudel Danse Japon*, Paris, Classiques Garnier, « Études de littérature des XXe et XXIe siècles », 2011, ainsi que le chapitre sur Claudel dans Michaël Ferrier, « Claudel, lutteur japonais », *Japon : la Barrière des Rencontres*, Nantes, Éditions Cécile Defaut, 2009, p. 205-214.
8. Raymond Schwab, *La Renaissance orientale*, *op. cit.*, p. 22. Schwab reprend ici, quasi mot pour mot (pour les condamner), les stéréotypes traditionnellement attachés au Japon. « Japon : tout y est en porcelaine », écrivait déjà Flaubert à l'article « Japon » du *Dictionnaire des idées reçues* [1913, posthume], Paris, Éditions du Boucher, 2002, p. 55.
9. Louis Renou, préface à *La Renaissance orientale*, *op. cit.*, p. 10.
10. Raymond Schwab, *La Renaissance orientale*, *op. cit.*, p. 24.

à la fois comment Schwab a travaillé et pourquoi le Japon n'entre pas dans le cadre chronologique de *La Renaissance orientale*. Le Japon a en effet été officiellement fermé à presque toute pénétration étrangère jusqu'en 1853 et son ouverture forcée sous la pression des « bateaux noirs » du commodore Perry. C'est la politique dite de *sakoku* (la « fermeture »), en vigueur depuis le XVIIe siècle, qui interdit aux Japonais de sortir de l'Archipel (depuis 1635), mais aussi aux étrangers d'y pénétrer (dès 1639 : expulsion des Portugais). Même si elle fut l'objet de ruptures sporadiques et quelques aménagements, cette fermeture ne prendra officiellement fin que dans la deuxième moitié du XIXe siècle, avec la politique de la canonnière des États-Unis d'Amérique et la signature forcée des « traités inégaux » entre le Japon et les autres pays occidentaux[11].

Si 1771 est la date initiale, l'année de publication du *Zend-Avesta* (le livre sacré des zoroastriens, par Anquetil-Duperron), qui ouvre l'ouvrage de Schwab, et que « 1875 semble un terme après lequel il ne survient plus guère de révélations essentielles dans les régions[12] » qui l'intéressent, alors on comprend bien pourquoi le Japon ne peut y avoir qu'une portion congrue. En 1875 en effet, le Japon commence à peine à s'ouvrir, de manière spectaculaire certes, mais pour l'étude de Raymond Schwab, c'est trop tard. L'apparition du Japon sur la scène internationale a beau avoir été un événement considérable à l'échelle de l'Europe, non seulement dans le domaine artistique (c'est le japonisme), mais aussi d'un point de vue géopolitique (conflits avec la Chine, la Russie), Schwab s'est effectivement arrêté en 1875... et même un peu avant, en ce qui concerne le Japon ! Même s'il pousse épisodiquement quelques coups de sonde dans le dernier quart du XIXe siècle, il ne tient aucun compte de la fantastique modification optique, sensorielle, intellectuelle et politique que va introduire l'entrée du Japon dans le concert des Nations. Pas un mot par exemple de la découverte du Japon à l'Exposition universelle de 1867 (qui entre pourtant dans le cadre temporel qu'il a délimité), ni de l'invention d'un mot spécifique par le critique d'art Philippe Burty en 1872, le « japonisme », pour désigner son influence nouvelle, son expansion extrêmement rapide et le bouleversement des sensibilités qui s'ensuivra dans toute l'Europe[13].

Enfin, en sus des considérations sur le contexte socio-historique de la genèse de *La Renaissance orientale*, cette absence du Japon est aussi l'occa-

11. Voir Pierre-François Souyri, *Le Japon pré-moderne : 1573-1867* [1990], Paris, CNRS Éditions, « Réseau Asie », 2017, et Michael S. Laver, *The Sakoku Edicts and the Politics of Tokugawa Hegemony*, New York, Cambria Press, 2011.
12. Raymond Schwab, *La Renaissance orientale*, *op. cit.*, p. 24.
13. Sur le japonisme, voir Michaël Ferrier (dir), *La Tentation de la France, la tentation du Japon — regards croisés*, Arles, Éditions Philippe Picquier, 2003, notamment le deuxième chapitre : « La tentation du Japon chez les écrivains français », p. 33-55, et *Japon : la Barrière des Rencontres*, *op. cit.*, notamment le premier chapitre : « Le japonisme dans la littérature française (1867-1967) », p. 23-47. Disponible, ainsi que plusieurs autres textes sur le japonisme en Europe, sur le site Tokyo Time Table : http://www.tokyo-time-table.com

sion de tirer un enseignement sur la méthode de Raymond Schwab. Ambition méthodologique, érudition ample, style merveilleusement précis et dense, bonheurs d'expression, sens de la formule et trouvailles d'écriture : la puissance stylistique et intellectuelle de Raymond Schwab est à bien des égards admirable, et sans doute d'autant plus parce qu'elle fait la plupart du temps défaut aujourd'hui, y compris dans le monde universitaire. Mais il y a un prix à payer pour ce trésor : la lenteur, la préparation, la maturation. Toute cette pensée demande une somme de lectures considérable et un long temps d'élaboration. Edward Said l'avait bien vu, qui définissait très justement Raymond Schwab comme « un type extrêmement rare de penseur non pressé[14] ». Il semble qu'en l'occurrence, cette méthode ait joué un tour pendable à Schwab, pris de vitesse par l'irruption du Japon sur la scène internationale, l'empêchant ainsi d'ajuster sa pensée à ce bouleversement inattendu, d'une grande rapidité et d'une ampleur considérable.

On pourrait donc, avec un brin d'ironie, faire à Schwab la même remarque que celle par laquelle il ouvre son ouvrage. Dans l'avant-propos intitulé « Pourquoi ce livre ? », il se plaint en effet de l'indifférence et de l'ignorance entourant l'Inde d'avant Anquetil-Duperron et de William Jones : « Combien d'entre nous en ont entendu parler ? Cependant, nos façons de penser, à tous, en ont été bouleversées. Comment ne le savons-nous pas[15] ? » Ainsi, au moment même où Schwab, avec une lucidité qui sonne encore si juste aujourd'hui, tacle avec brio « toute une critique » attachée seulement « aux problèmes d'influences superficielles », il passe lui-même complètement à côté du tremblement que le Japon vient d'introduire dans la culture européenne de la deuxième moitié du XIXe siècle.

*

Pour importante qu'elle soit, l'absence du Japon dans *La Renaissance orientale* n'est cependant pas réductible, à mon sens, à des considérations de date et de distance, non plus qu'à la méthodologie au long cours de Raymond Schwab. Loin d'être uniquement circonstancielle, elle a aussi partie liée avec la part profonde du livre, ses zones d'ombre et d'incompréhension. Dans ce « grand abîme de l'Asie » (Hugo[16]), peut-être le Japon fonctionne-t-il aussi comme une contrée-limite dans le raisonnement de Schwab, comme s'il en constituait le point aveugle ou le revers.

14. Dans sa préface à la traduction américaine : *The Oriental Renaissance*, New York, Columbia University Press, 1984, p. vii-x. Sur Said et Schwab, voir l'étude de Sarga Moussa, « Edward W. Said lecteur de Raymond Schwab », *Sociétés & Représentations*, n° 37, Paris, Éditions de la Sorbonne, 2014/1, p. 69-78. Disponible en ligne : https://www.cairn.info/revue-societes-et-representations-2014-1-page-69.htm#no19, consulté le 17 janvier 2020.
15. Raymond Schwab, *La Renaissance orientale*, *op. cit.*, p. 13.
16. Victor Hugo, *Les Orientales*, préface de l'édition originale [1829], éd. Franck Laurent, Paris, LGF, « Le Livre de poche *classique* », 2000, p. 52.

Car ce silence sur le Japon, s'il ancre *La Renaissance orientale* dans une époque, un contexte, est aussi inhérent au projet même de Schwab : « l'humanisme intégral », pour intégral qu'il se prétende (et peut-être justement pour qu'il puisse se prétendre tel), n'échappe pas en effet à la marque constitutive de tant d'humanismes proclamés, qui est d'être situé dans un terreau culturel leur donnant à la fois leur impulsion et leur force d'entraînement, mais aussi leur cadre et leurs limitations — et ce, quelles que soient la largeur de vue et l'empan culturel d'une grande générosité que le livre déroule sous nos yeux.

Suivant l'exemple de Schwab dans son chapitre « Hugo troublé par l'Inde » — une analyse magistrale de la manière dont Hugo esquive l'Inde dans sa pensée et des raisons pour lesquelles il procède ainsi — on pourrait mettre cet évitement du Japon en relation avec le projet même de son auteur, soulignant ainsi l'ampleur mais aussi les limites de *La Renaissance orientale*. Nous savons déjà que Raymond Schwab ignore le Japon et cette ignorance même est remarquable : je vais essayer maintenant de montrer en quoi elle est instructive, et même : significative.

Les raisons les plus évidentes de l'absence du Japon, je les ai déjà évoquées et je ne m'y attarderai donc pas : elles sont d'ordre historique et idéologique (l'éloignement du Japon, sa politique de fermeture). Elles sont également liées à la priorité, voire à la quasi-exclusivité de l'Inde comme modèle oriental : « c'est elle qui se présente comme la révélation irrésistible, massive, décisive. [...]. Un monde total en face de l'héritage gréco-romain, il n'y en a pas d'autre[17] ». Mais cette impasse japonaise dans le discours de Schwab révèle également plusieurs points constitutifs de sa méthode, à laquelle nous allons maintenant nous attacher.

Elle nous permet d'abord de remarquer que la thèse de Schwab est essentiellement portée par des textes et des langues : c'est ce que l'on pourrait appeler sa dimension *scripturaire*. Ce que Schwab nomme « la Renaissance orientale » est une révolution d'abord et essentiellement philologique, produite par l'arrivée des textes sanscrits en Europe. Lecture, traduction, déchiffrement, transcription... tels en sont les mots d'ordre, à la fois les instruments de cette renaissance et leur aboutissement. Or, le Japon, dont les premières traductions se feront longtemps attendre dans les langues européennes, est avant tout une révolution « *optique* » (c'est le mot qu'utilise Edmond de Goncourt pour le caractériser dans la préface de *Chérie*, en 1884[18]) : une autre forme de « Renaissance orientale » pourrait-on dire, plus tardive que celle de l'Inde, mais surtout, portée par des médias très différents : des tableaux, des estampes, des vases, des paravents, des rouleaux, des objets...

17. Raymond Schwab, *La Renaissance orientale*, *op. cit.*, p. 22-23.
18. Edmond de Goncourt, préface de *Chérie* [1884] : « [...] cet art en train, sans qu'on s'en doute, de révolutionner l'optique des peuples occidentaux », Paris, Flammarion et Fasquelle, 1921, p. xii.

De ce point de vue, le grand absent de *La Renaissance orientale*, c'est Léon de Rosny (1837-1914). Le rédacteur de la première méthode d'apprentissage de la langue japonaise en français (écrite en 1854, publiée en 1856), le fondateur du premier cours de japonais à l'École des Langues Orientales (en 1863), et qui y sera bientôt le premier titulaire de la chaire de langue japonaise (en 1868), avait pourtant tout pour figurer dans la somme de Schwab : linguiste exceptionnel, connaisseur du chinois, du coréen, il fut même l'organisateur du premier Congrès des Orientalistes (en 1873). Philologue inspiré, érudit et l'un des tout premiers orientalistes, Rosny aurait logiquement pu — et même dû — trouver sa place dans le panthéon des figures tutélaires de *La Renaissance orientale*, ne serait-ce qu'au titre d'appendice ou de pierre de touche pour une étude future : les dates mêmes délimitées par Schwab pour son étude (1771-1875) le permettaient aisément[19].

Pourquoi alors n'en est-il jamais question ? La réponse est simple, me semble-t-il : parce que Rosny a perdu, et que son canevas théorique est, comme celui de Schwab, en grande partie périmé. La découverte du Japon en Europe ne se fait pas en effet sur le modèle philologique de Schwab ou de Rosny, mais dans un contexte éditorial marqué par l'essor de la littérature de voyage et le succès de la prose illustrée, qui préparent la réception enthousiaste des livres d'images nippons (le *Manga* de Hokusai), et avec un accent très fort porté sur les arts visuels et décoratifs, estampes, gravures, etc. Ce désir de compréhension immédiate de la vie japonaise sous toutes ses formes, dans le déploiement quasi-illimité de ses motifs, de ses contours et de ses couleurs, pour illusoire qu'il soit du point de vue d'une connaissance en profondeur des pays concernés, entre en opposition frontale avec l'étude lente, patiente et tenace de la langue et de l'histoire, minutieuse et érudite, telle que prônée par Raymond Schwab et Léon de Rosny.

Le point théorique majeur que révèle l'absence du Japon est le suivant : l'opposition entre le paradigme philologique de *La Renaissance orientale* et le paradigme esthétique du japonisme. Ce sont deux mondes qui entrent en collision et s'affrontent d'une certaine manière jusqu'à notre époque : d'un côté, celui d'une érudition livresque, des réflexions verbales et des jeux de mots savants, un orientalisme à la fois scientifique, subtil, spirituel et idéaliste. De l'autre, un esthétisme de bon aloi, soutenu par le grand marché des images, un orientalisme spectaculaire et marchand, dont le moins qu'on puisse dire est qu'il n'a pas disparu actuellement. Nous savons aujourd'hui lequel de ces deux mondes, sans tout à fait éclipser l'autre heureusement, a gagné la partie… et avons, par la même occasion, une bonne explication à l'éclipse de Raymond Schwab (et de Rosny) jusqu'à nos jours.

19. Sur Léon de Rosny, on se reportera notamment à Michaël Ferrier, « L'art du repiquage : présences du Japon de Léon de Rosny à Dany Laferrière », *D'après le Japon*, Laurent Zimmermann (dir.), Actes du Colloque international de l'École Normale Supérieure, Nantes, Éditions Cécile Defaut, 2012, p. 55-82.

Ce que révèle l'absence du Japon, c'est donc peut-être avant tout un horizon épistémologique : c'est-à-dire tout à la fois un ensemble de cadres, de techniques et de méthodes. Le cadre du savoir orientaliste chez Schwab est aisément reconnaissable : c'est le panorama. Sa technique également : c'est un comparatisme classique, qui fonctionne par grandes zones du savoir. Ce qui est frappant dans cet ensemble : la métaphore aérienne, climatique, atmosphérique. Elle est insistante, récurrente, presque obsessionnelle. Il y a chez Raymond Schwab *un parti-pris atmosphérique*, qui n'est pas seulement le résidu (ou la continuation) de la fameuse théorie des climats développée par le romantisme, mais un véritable dogme méthodologique. Dans *La Renaissance orientale*, on raisonne par grandes masses atmosphériques, par courants et par fluides, par nuées et par émanations, par influx — plus que par influences — et par inhalations. Ainsi, « les immensités asiatiques » permettent de découvrir une « atmosphère nouvelle »[20], et « l'air que respirent » ces penseurs vivifie celui du continent européen, procurant cette « aisance respiratoire que proclament » les orientalistes, aboutissant pour finir à toutes ces « images de dilatation thoracique sous des ciels orientalisés » sur lesquelles se clôt le livre[21]. C'est toute une pensée de la carte et de la stratosphère, généreuse et admirable, qui se déploie ici, préfigurant un peu Samuel Huntington, mais un Huntington renversé et terrassé : car il s'agit de penser par grandes aires culturelles complémentaires et non conflictuelles — et non pas pour les maintenir étanches, comme le préconisait l'auteur du *Choc des civilisations*, mais pour les mettre en relation[22].

Ce faisant, il ne faut pas sous-estimer la nouveauté qu'apporte Schwab : admettre que « l'autre » n'est pas un élément extérieur mais participe — depuis des siècles — à la construction de notre Histoire, reconnaître l'importance des sources non européennes, en 1950, au moment même où l'Europe vient de subir l'un des plus grands carnages jamais organisés sur son sol, quand l'étranger était systématiquement pourchassé, enfermé dans des camps, exterminé : ce n'est pas rien. Pourtant, Schwab reste dans le cadre d'un système comparatiste classique sur plusieurs points, et notamment dans sa croyance, jamais remise en question, en une homogénéité native de la grande famille humaine, liée à la fois par une source unique et par une communauté de destin. Point de vue spirituel, et même quasi-religieux, comme il l'admet lui-même en désignant Schlegel comme « le véritable inventeur de la Renaissance orientale », insistant sur son « sérieux d'historien », mais aussi, de manière plus étonnante pour nous, sur sa foi, « qui avait choisi de tout rapporter à l'intérêt religieux[23] ». « L'ancien esprit religieux d'une communauté planétaire revient

20. Raymond Schwab, *La Renaissance orientale*, *op. cit.*, p. 37.
21. Raymond Schwab, *La Renaissance orientale*, *op. cit.*, p. 650 (dernière phrase).
22. Samuel Huntington, *The Clash of Civilizations and the Remaking of World Order*, New York, Simon & Schuster, 1996, traduit en français sous le titre *Le Choc des civilisations*, Paris, Éditions Odile Jacob, 1997. Il est à noter que, selon Huntington, le Japon forme une civilisation spécifique.
23. Raymond Schwab, *La Renaissance orientale*, *op. cit.*, p. 109.

sous le diminutif des comparatismes », écrira-t-il encore dans les dernières pages de *La Renaissance orientale*[24].

Ce qui est donc en jeu dans *La Renaissance orientale*, à travers et au-delà de la revalorisation de l'Orient comme source culturelle, c'est aussi le lien entre les différentes composantes de l'humanité et une certaine conception *unitaire* de l'espèce humaine. Pour Schlegel, rappelle Schwab, « le travail décisif commençait quand l'intuition et les forces de sympathie interviennent pour organiser des chaos d'événements en unité ». De même, ce qui importe à Schwab est de pouvoir dégager « l'immense paysage universel qui se découvre à partir de l'Inde retrouvée[25] ». Unité, universel : les vocables utilisés font sens et font signe. Ce que Schwab développe est bel et bien une conception de l'Histoire humaine, profonde, puissante, progressive, téléologique, et tendant sans trembler vers une révélation, à laquelle il finit par donner un nom : « l'humanisme intégral ». Cette conception a sa forme privilégiée : profonde elle aussi (tout est profond chez Schwab), ample autant que majestueuse, c'est l'épopée, le grand poème métaphysique. « Une certaine rapidité » du rythme, et « un certain volume dans le débit », comme la définit Schwab en même temps qu'il nous donne les clés pour comprendre son propre style, au diapason de cette entreprise singulière.

Or, c'est précisément cette perspective qui serait mise à mal par la prise en compte du Japon dans *La Renaissance orientale*. Bien sûr, Schwab veut à tout prix éviter les effets de mode liés au japonisme et le déferlement de poncifs qui ont accompagné l'introduction du Japon en Europe : l'Inde lui offre de ce point de vue un continent qu'il connaît beaucoup mieux, et de surcroît bien plus large et ancien, pour étayer sa pensée. Mais en dehors de ces précautions, le Japon lui fait aussi défaut parce qu'il constitue l'exact dissident de ce fantasme d'un grand corps commun de la pensée humaine. Tout au contraire, tout au long du XVIIIe siècle, au moment même du déploiement de ladite « Renaissance orientale », le Japon a été une poche de résistance et un lieu-arrêt dans la circulation générale des hommes et des marchandises, comme dans celle des idées. Bien plus, de 1934 (date à laquelle Schwab publie sa biographie d'Anquetil-Duperron, et qu'on peut prendre comme repère de son élaboration de « l'humanisme intégral ») jusqu'à 1948 (date de soutenance de sa thèse), l'archipel nippon est justement pris à son tour dans la spirale d'une ouverture au monde, mais qui se produit au rebours de ce que décrit Schwab dans son livre : prenant modèle sur l'Occident, il a commencé à coloniser des territoires entiers (Chine, Corée, Mandchourie, Birmanie...), en appuyant sa politique expansionniste et impérialiste sur un mélange de valeurs traditionnelles japonaises (la fidélité à l'Empereur, le *bushido*, code moral des samouraïs) et de conceptions fascistes venues d'Europe. Pire même, c'est donc dans le contact avec l'altérité européenne que le Japon puise une

24. *Ibid.*, p. 639.
25. *Ibid.*, p. 109-110.

partie de sa politique anti-humaniste. En d'autres termes, la circulation des idées chère à Schwab se fait ici sur un modèle complètement différent, et en grande partie antagoniste : il est porteur à la fois d'innutrition et de renfermement, de communication mais aussi de macération, bien loin des valeurs de l'humanisme intégral : la pluralisation des points de vue et des sources de comparaison aboutissant non pas à une efflorescence rêvée mais à un cauchemar de compétition, les « humanités différentes » finissent par se rejoindre dans l'esprit de conquête, la guerre pointant à l'horizon comme seul universel possible, et « l'immense déplacement mental », vanté par Schwab comme étant l'héritage de la Renaissance orientale, pouvant aussi aboutir à une formidable fermeture des panoramas qu'il avait pourtant si patiemment, si minutieusement, si soigneusement dessinés.

*

« Ce qui reste » : c'est le titre de la conclusion de Raymond Schwab. C'est aussi une question que l'on peut aujourd'hui à nouveau lui poser. Que reste-t-il en effet de la « Renaissance orientale » à l'ère de la mondialisation ? Quelque chose de « l'humanisme intégral » de Raymond Schwab est manifestement complètement périmé : il serait facile de montrer que l'utilisation de cultures exogènes présentées sous une forme figée (et même peu ou prou essentialisée) pour promouvoir sa propre modernité, n'est plus guère adaptée à la complexité des situations contemporaines. « L'homme d'Occident », modèle parfait d'équilibre « avec sa charpente toute symétrique », « l'Asiatique, avec une agilité naturelle encore aiguisée par des siècles d'exercices pieux[26] », « le conflit entre fécondité agglutinante [hindoue] et discipline compositrice [grecque][27] », bref toute la dichotomie facile des articles définis (l'Orient/l'Occident) et des grands ensembles homogénéisants, autant d'éléments qui ont aussi beaucoup vieilli, même s'ils sont toujours utilisés aujourd'hui (et souvent avec moins de finesse que par Schwab). Là où *La Renaissance orientale* pensait dans une perspective raisonnée l'ingestion d'apports extérieurs, et en termes de « pédagogies de dilution[28] », s'est ouverte aujourd'hui une époque de mélanges et d'hybridités, où il s'agit de faire parler *en nous* une diversité constitutive, non tant sur le modèle d'un brassage d'éléments autonomes — de plus en plus difficile à repérer — que sur le constat d'une polyphonie constitutive de notre être-au-monde[29].

L'« humanisme intégral » que Schwab annonçait ne peut donc plus être pensé aujourd'hui comme « l'empire d'un dogme nouveau » comme il en

26. *Ibid.*, p. 644.
27. *Ibid.*, p. 643.
28. *Ibid.*, p. 649.
29. Sur ce point, voir Michaël Ferrier, « Les écrivains du corail », introduction au livre *Réceptions de la culture japonaise en France depuis 1945, Paris-Tokyo-Paris : détours par le Japon,* sous la dir. de Fabien Arribert-Narce, Kohei Kuwada, Lucy O-Meara, Paris, Éditions Honoré Champion, 2016, p. 12-24.

rêvait, sur le modèle d'une « humanité identique et solidaire en ses variantes immémoriales ou sociales », « un chœur unique [qui] assemble tous les sages, tous les saints, tous les héros, tous les dieux », une « construction à la fois historique, poétique, politique, religieuse » menant à un « rêve d'histoire globale », à « l'identité universelle[30] ». En revanche, cet idéal d'« égalité absolue entre les races et les époques » qu'il prône, et dont tout son livre porte l'empreinte, reste je crois valable, et en partie à partir de lui, à condition de voir quelles formes nouvelles — et possiblement diverses — sa pensée peut prendre aujourd'hui, selon la multiplicité des réélaborations auxquelles elle pourra se prêter.

Ces réserves posées sur le travail de Schwab n'en invalident pas en effet la portée générale. L'actualité de *La Renaissance orientale* ne fait pour moi aucun doute : quelque chose de son temps perdure dans le nôtre, qu'il avait été l'un des tout premiers à apercevoir, et qu'on pourrait appeler, dans son sillage, « l'âge du relatif », ainsi que son corollaire, « l'extension du principe de comparaison dans tous les domaines[31] ». J'en veux pour preuve le travail du prix Nobel de littérature japonais Ōe Kenzaburō. Certes, à aucun moment Ōe ne cite Schwab, dont le travail est pratiquement inconnu au Japon, où *La Renaissance orientale* n'a d'ailleurs pas été traduit. Mais, peut-être par le biais d'Edward Said, avec qui il entretint dans ses dernières années un dialogue amical[32], il arrive à Ōe de retrouver dans sa réflexion les accents les plus modernes de Schwab.

C'est le cas dans un livre déjà ancien, malheureusement non traduit en français, où le prix Nobel de littérature japonais relate sa formation intellectuelle et le rôle essentiel qu'y joua son mentor, le professeur Watanabe Kazuo, spécialiste de Rabelais (1901-1975)[33]. En évoquant les écrivains qui se sont inspirés de Rabelais au Japon, en Corée ou ailleurs (Gabriel Garcia Marquez), Ōe Kenzaburō explique la formation de son humanisme à partir d'une multiplication de lectures, défendant l'idée de « la traduction comme relais d'une inspiration, en quelque sorte, planétaire[34] ».

30. Raymond Schwab, *La Renaissance orientale*, *op. cit.*, p. 529.
31. *Ibid.*, p. 640.
32. Voir les lettres échangées entre Ōe Kenzaburō et Edward Said, publiées par le journal *Asahi* les 23 et 24 février 2002. Le dernier ouvrage publié d'Ōe s'intitule *Bannen Youshiki shū (In Reito Sutairu)* (Tokyo, Kōdansha, 2013) : ce titre est la transcription japonaise d'*On Late Style*, en référence au dernier ouvrage publié par Edward Said, *On Late Style* (New York, Pantheon, 2006, traduit en français *Du style tardif*, par Michelle Viviane Tran Van Khal, Arles, Actes Sud, 2012).
33. Ōe Kenzaburō, *Nihon gendai no iumanisto Watanabe Kazuo wo yomu* (je traduis : *Lire un humaniste du Japon moderne : Watanabe Kazuo*), Tokyo, Éditions Iwanami, « Iwanami Seminar Books », numéro 8, 1984.
34. Selon l'excellente formule de Cécile Sakai, « La traduction médiatrice : quelques réflexions sur l'asymétrie des échanges littéraires entre la France et le Japon », *Comptes rendus des séances de l'Académie des Inscriptions et Belles-Lettres*, 152e année, numéro 2, 2008, p. 741.

Dans un texte plus récent, à l'occasion de sa réception du prix Nobel à Stockholm, le 7 décembre 1994, Ōe persiste et signe : « À partir de la périphérie du monde où je me trouve et d'où je pourrais avoir une vue générale sur la guérison et la réconciliation de l'humanité entière, j'aimerais savoir quelle contribution à la fois *decent* et humaniste peut lui être apportée[35] » (dernière phrase du discours).

On le voit : le vieux rêve de Schwab sur « la réconciliation de l'humanité entière » ne s'est pas éteint avec le passage des siècles ni l'entrée en lice de nouvelles « périphéries du monde ». Bien au contraire, il semble y gagner à la fois une nécessité accrue et, face à la menace d'une mondialisation-standardisation, de nouvelles formes d'intensité. Traduction, comparaison, lectures, élaboration d'une vaste bibliothèque mondiale de la culture universelle : le projet d'Ōe n'est pas éloigné de cette veine humaniste européenne née avec Rabelais, Montaigne, Pétrarque, Érasme et quelques autres, mais que Schwab étend avec brio à d'autres rivages, et auxquels des auteurs modernes comme Ōe et Said tentent maintenant de faire participer de nouvelles zones culturelles et de nouveaux modes de pensée[36]. Tous deux inaugurent un nouveau déplacement mental, qui ne s'inspire certes pas uniquement de Schwab, mais montre paradoxalement la justesse de ses intuitions et la pertinence de ses concepts : « dans une ère où les cultures sont hybrides, hétérogènes, transfrontalières et extrêmement différenciées » (comme l'écrit Ōe Kenzaburō, dans son dialogue avec Edward Said), ils sont à la recherche d'un nouvel humanisme, et posent à nouveaux frais « *la grande question du Différent*[37] », tentant à leur tour de constituer, comme l'appelait Schwab de ses vœux, « un savoir qui puisse faire tomber les vieilles barrières.[38] »

Michaël FERRIER
Université Chuo, Tokyo

35. Ōe Kenzaburō, *Moi, d'un Japon ambigu*, discours de réception du prix Nobel de littérature, traduit du japonais par René de Ceccatty et Ryôji Nakamura, *Œuvres*, Paris, Gallimard, « Quarto », 2016, p. 27.
36. En France, on se reportera aussi à la réflexion de William Marx, dans sa leçon inaugurale au Collège de France : « Par-delà la littérature — Lire dans la bibliothèque mondiale » (23 janvier 2020).
37. Raymond Schwab, *La Renaissance orientale*, *op. cit.*, p. 22, en italiques, à propos de l'Inde.
38. *Ibid.*, p. 18.

Résumés

Claire GALLIEN, **Sur la préface d'Edward Said à la traduction anglaise de *La Renaissance orientale* (1984) de Raymond Schwab : De « l'humanisme intégral » à « l'humanisme démocratique »**, *RLC* XCIV, n° 2, avril-juin 2020, p. 141-148.

Le présent article examine la réception de Schwab dans le domaine anglophone, d'après la préface qu'Edward Said publie pour la traduction anglaise de *La Renaissance orientale* en 1984. La lecture enthousiaste que fait Said, auteur d'une critique virulente de l'orientalisme, de Schwab, apologiste de la renaissance orientaliste, paraît paradoxale. Je défends l'hypothese que le rapprochement entre Said et Schwab se joue moins au niveau de l'orientalisme qu'autour de l'enjeu de l'humanisme, « intégral » chez Schwab et « démocratique » chez Said. Si l'on tient compte du panorama académique qui est celui de Said dans les années 1970-1980, et de l'engagement de l'intellectuel pour la critique philologique, de la pensée de l'affiliation, et de la question de l'humanisme démocratique, le rapprochement paraît beaucoup moins incongru. Mon article propose une étude du lien qui unit Said à Schwab précisément au-delà de l'orientalisme.

Sarga MOUSSA, **« Voyager c'est traduire. » Relire le *Voyage en Orient* de Lamartine à la lumière de Raymond Schwab**, *RLC* XCIV, n° 2, avril-juin 2020, p. 149-162.

On voudrait ici proposer l'hypothèse selon laquelle le *Voyage en Orient* (1835) de Lamartine révèle la même fascination face à l'islam que celle décrite par Schwab dans *La Renaissance orientale* (1950) à propos de l'Inde. Le journal de voyage lamartinien contribue à instaurer une nouvelle relation à l'Orient, qui s'appuie sur des *médiateurs* dont le rôle est capital pour comprendre la démarche d'ouverture à l'autre de son auteur. On prend pour exemple de ces figures médiatrices le guide-interprète Mazoillier, l'agent consulaire Beaudin, enfin le portrait idéalisant du Turc en pieux philosophe auquel s'identifie le narrateur dans certaines de ses descriptions de Constantinople.

Guillaume BRIDET, ***Yggdrasill* (1936-1940) : une revue entre cosmopolitisme, impérialisme et universalisme poétiques**, *RLC* XCIV, n° 2, avril-juin 2020, p. 163-178.

Les quarante-six livraisons de la revue *Yggdrasill*, qui paraissent entre avril 1936 et avril 1940 sous la direction entre autres de Raymond Schwab, témoignent d'une extraordinaire ouverture culturelle avec la présence de la poésie française, mais aussi de toute une série de poèmes venus d'ailleurs, et parfois de fort loin. La revue permet de saisir certaines des difficultés auxquelles confronte le changement d'échelle du national au mondial prôné aujourd'hui par certains chercheurs. En envisageant tour à tour trois figures de la mondialité (le cosmopolitisme, l'impérialisme et l'universalisme), on envisagera certaines de ces difficultés.

Chloé CHAUDET, **Raymond Schwab et la pensée occidentale de l'engagement : vers un renouveau transculturel de l'histoire littéraire**, *RLC* XCIV, n° 2, avril-juin 2020, p. 179-194.

Cet article interroge la mise en sourdine de la politique qui caractérise *La Renaissance orientale* ainsi que des écrits plus littéraires de Raymond Schwab, et propose de l'interpréter comme la formulation d'un autre type d'engagement que celui qui domine la sphère européenne et nord-américaine au milieu du XXe siècle. Reconfigurant le concept dix-neuviémiste d'intellectuel en lui conférant une portée cosmopolite novatrice, l'engagement qui caractérise l'œuvre de Schwab peut ainsi être conçu comme prémisse et prémice de certaines des approches transculturelles de l'histoire littéraire qui se multiplient depuis la deuxième partie du XXe siècle.

Ninon CHAVOZ, **Fictions « d'innombrable » : la Renaissance romantique chez Raymond Schwab (1950) et Tristan Garcia (2019)**, *RLC* XCIV, n° 2, avril-juin 2020, p. 195-210.

Cet article s'attache à la définition d'un « nouveau romantisme » contemporain dont le romancier et philosophe Tristan Garcia serait l'un des plus remarquables représentants. Son dernier roman en date, *Âmes. Histoire de la souffrance* (2019), présenté comme le premier volet d'une trilogie en devenir, met en place un modèle « ultra-narratif » que l'auteur associe lui-même à un modèle « venu du bouddhisme ou de l'hindouisme ». En se fondant systématiquement sur les hypothèses énoncées par Raymond Schwab, cet article propose une lecture d'*Âmes* comme une résurgence de l'épopée romantique, dans laquelle l'influence orientale serait autant thématique que formelle, manifeste dans une prédilection pour les romans de l'abondance et de « l'innombrable ».

Tristan LEPERLIER, **Pour une histoire littéraire transnationale : La littérature algérienne entre « Intégral » et « Intégrisme »**, *RLC* XCIV, n° 2, avril-juin 2020, p. 211-232.

Partant d'une réflexion critique sur *La Renaissance orientale* de Raymond Schwab, qui en appelle à un « humanisme intégral », cet article propose une méthode d'histoire littéraire transnationale réintroduisant le politique, et illustrée à partir du cas algérien. En particulier, à l'encontre d'une téléologie de l'intégration, ou encore d'un métissage universel, cette méthode permet de mettre en lumière les tensions permanentes et dialectiques au sein d'une littérature postcoloniale entre intégration à l'international, et construction parfois « intégriste » d'une spécificité nationale.

Michaël FERRIER, **Japon : « l'interlocuteur invisible. » L'absence du Japon dans *La Renaissance orientale* de Raymond Schwab**, *RLC* XCIV, n° 2, avril-juin 2020, p. 233-244.

Le Japon est pratiquement absent de *La Renaissance orientale* : l'archipel nippon n'y est jamais évoqué, représentant paradoxalement la silhouette fantomatique de cet « interlocuteur invisible » dont parle Schwab à propos de « l'Asie » dans la pensée de l'Europe, au moment même où il s'applique à la dissiper. Que nous apprend cette absence des circonstances historiques, de l'horizon épistémologique et des présupposés méthodologiques de *La Renaissance orientale* ? Plus profondément encore, que nous dit-elle de la construction, du développement et des limites de « l'humanisme intégral » ?

Abstracts

Claire GALLIEN, **Concerning Edward Said's Preface to *The Oriental Renaissance* (trans. 1984) by Raymond Schwab: From "Integral Humanism" to "Democratic Humanism"** *(In French)*, *RLC* XCIV, n° 2, April-June 2020, p. 141-148.

This article examines Schwab's reception in the English-speaking world, based on the preface that Edward Said published for the English translation of *The Oriental Renaissance* in 1984. Said's, coming as it does from someone otherwise known as the author of a virulent critique of Orientalism, enthusiastic reading of an unapologetically apolitical and heroic version of the orientalist renaissance seems paradoxical to say the least. I contend that the rapprochement between Said and Schwab occurs less at the level of Orientalism than around the issue of humanism, whether one calls it "integral" with Schwab or "democratic" with Said. I argue that if we take into account Said's academic background in the 1970s and 1980s, his intellectual commitment to philological criticism, the concept of affiliation, and the question of democratic humanism, the connection seems much less incongruous. This article delves into the Said-Schwab connection beyond Orientalism.

Sarga MOUSSA, **"Travelling means translating": Reading the *Voyage en Orient* by Lamartine with Raymond Schwab** *(In French)*, *RLC* XCIV, n° 2, April-June 2020, p. 149-162.

I suggest in this article that the *Voyage en Orient* (1835) by Lamartine reveals the same fascination for the Middle East than the one described by Schwab about India in *La Renaissance orientale* (1950). Lamartine's travelogue contributes to create a new relationship with the Orient based on mediators, whose role is crucial to understand the openness of the author to others. I analyse representative examples such as the guide-interpreter Mazoillier, the consular officer Beaudin, and finally the idealized portrait of the Turk as a pious philosopher, an obvious figure of identification for the narrator in his descriptions of Constantinople.

Guillaume BRIDET, ***Yggdrasill* (1936-1940): a Review between Poetic Cosmopolitanism, Imperialism and Uuniversalism** *(In French)*, *RLC* XCIV, n° 2, April-June 2020, p. 163-178.

The forty-six issues of the journal *Yggdrasill*, which appeared between April 1936 and April 1940 under the direction of Raymond Schwab and others, testify to an extraordinary cultural openness with the presence of French poetry, but also of a whole series of poems from elsewhere, and sometimes from far away. The journal allows us to grasp some of the difficulties faced by the change of scale from national to global advocated today by some researchers. I consider some of these difficulties by looking at three figures of globality (cosmopolitanism, imperialism and universalism) in turn.

Chloé CHAUDET, **Raymond Schwab and the Western Approach to Commitment: Towards a Transcultural Renewal of Literary History** *(In French)*, *RLC* XCIV, n° 2, April-June 2020, p. 179-194.

The article investigates *The Oriental Renaissance*'s seemingly political silence and argues that it belongs to a different type of commitment than that which dominated the West area in the middle of the twentieth century. As it provides the nineteenth century concept of the "intellectual" with an innovative cosmopolitan scope, Schwab's commitment can thus be conceived as a condition and a first manifestation of some of the transcultural approaches to literary history that developed in the second half of the twentieth century.

Ninon CHAVOZ, **Fictions of the "Innumerable": The Romantic Renaissance in the Works of Raymond Schwab and Tristan Garcia** *(In French)*, *RLC* XCIV, n° 2, April-June 2020, p. 195-210.

This article focuses on the definition of a contemporary form of "Romanticism," exemplarily represented by the novelist and philosopher Tristan Garcia. His latest novel, *Âmes. Histoire de la souffrance* (2019), presented as the first part of an announced trilogy, develops an "ultra-narrative" model, associated by Garcia himself to an Oriental form "coming from Buddhism or Hinduism." While systematically relying on Raymond Schwab's hypothesis, this article proposes to read *Âmes* as a resurgence of the Romantic epic, in which the Oriental influence would be altogether thematic and formal, resulting in a predilection for abundant, if not to quote Schwab himself "innumerable", works of fiction.

Tristan LEPERLIER, **Towards a Transnational Literary History: The Algerian Literature between "Integral" and "Integrism"** *(In French)*, *RLC* XCIV, n° 2, April-June 2020, p. 211-232.

Starting with a critical reflection on Raymond Schwab's *La Renaissance orientale*, which calls for an "integral humanism," this article proposes a method of transnational literary history that reintroduces politics, and illustrated with the Algerian case. In particular, contrary to a teleology of integration, or even a universal hybridization, this method makes it possible to highlight the permanent and dialectical tensions within postcolonial literature between international integration and sometimes "integrist" construction of a national specificity.

Michaël FERRIER, **Japan: "the invisible interlocutor"—The absence of Japan in *The Oriental Renaissance* by Raymond Schwab** *(In French)*, *RLC* XCIV, n° 2, April-June 2020, p. 233-244.

Japan is absent from *The Oriental Renaissance*. The Japanese archipelago is never mentioned in the book of Raymond Schwab, paradoxically representing the ghostly silhouette of this "invisible interlocutor". Schwab speaks about "Asia" in European thought, while dispelling it. What does this absence tell us about the historical circumstances, the epistemological horizon and the methodological presuppositions of *The Oriental Renaissance*? More profoundly, what does it teach us about the construction, the development and the limits of Schwab's key-concept of "integral humanism"?